D1921269

Erzähl mir Labyrinth

20 Jahre Labyrinthplatz Zürich

Agnes Barmettler, Regula Farner, Ursula Knecht, Caroline Krüger,
Zita Küng, Katherina Morf, Rosmarie Schmid

Erzähl mir Labyrinth

Frauenkultur im öffentlichen Raum

20 Jahre Labyrinthplatz Zürich

Christel Göttert Verlag

Herzlich danken wir allen, die zu diesem Buch inspiriert, ermutigt sowie dessen Herausgabe ermöglicht haben durch ihre Arbeit, durch Spenden und Sponsoring, namentlich:

Stadt Zürich
Gerda-Weiler-Stiftung für feministische Frauenforschung, D-53804 Mechernich, www.gerda-weiler-stiftung.de
Stiftung für die Frau, www.chemicalmoonbaby.ch/stiftungfuerdiefrau
Elisabeth und Christian Schwerin, D-09648 Mittweida
Katharina Köchli, Gartenbau und Fotografie, www.fotogarten.ch
Verein Bioterra Zürich und Umgebung, CH-4047 Zürich
EQuality by Zita Küng, www.equality-consulting.ch
Béatrice Battaglia, CH-8707 Uetikon
Gertrude Camenisch, CH-8622 Wetzikon

1. Auflage 2011
Lektorat: Bettina Bremer, Rüsselsheim
Titelgestaltung: Christine Traiser, Darmstadt (unter Verwendung des Logos der öffentlichen Frauenplätze von labyrinth-international.org)
Satz: Kerstin Weber, Nauheim
© Christel Göttert Verlag
www.christel-goettert-verlag.de

ISBN 978-3-939623-33-5

Inhalt

(Ein detailliertes Inhaltsverzeichnis steht auf S. 245.)

»Pionierin heißt eine Frau, die allein oder zusammen mit anderen einen Weg einschlägt, wo vorher keiner war. Die Pionierin geht zu Fuß, denn es gibt keinen Weg ohne Kontakt mit den Füßen. (Autobahnen sind keine Wege.)«

(Luisa Muraro)

Vorwort – Wegleitung

Die Kapitel dieses Buches sind wie ein Gang durch das Labyrinth, das schon seit vielen Jahrtausenden in unterschiedlichen Kulturen bekannt ist, ein gemeinsames Welt-Erbe der Menschheit. Die Lesenden können dem vorgegebenen Wandelpfad dieses Urbildes folgen. Vom Tor zieht sich ein Weg mit mehreren Wendepunkten in sieben Umgängen hinein bis zur Kehrtwende im Zentrum, und von dort wieder in umgekehrter Richtung hinaus, zurück zum Tor.

Auf diesem Weg durch das Buch erzählen die Frauen vom Labyrinthplatz im Zeughaushof Zürich Beispiele eines labyrinthischen Werdeganges. Sie laden die Lesenden ein zum

Nachsinnen über verwandte Erfahrungen aus dem eigenen Leben: lesend gehen auf einer langen Wegstrecke mit vielen Wendungen, das ganze Umfeld aus verschiedenen Blickrichtungen und Standpunkten betrachten, parallele Bezüge wahrnehmen, Irritationen zulassen, mit den Füßen auf dem Boden bleiben, von Anfang zu Anfang dem Leitfaden des labyrinthischen Weges vertrauen, zusammen mit anderen unbeirrt weitergehen, immer wieder neu sich bewegen und bewegen lassen, wandeln in lebendigem Kontakt mit der Erde, mit den Menschen und mit allem, was ist.

In der Praxis, sozusagen auf »freier Wildbahn«, haben die Frauen im und durch das Labyrinth neue Erkenntnisse des Zusammenlebens gewonnen und erprobt, beim Arbeiten, Tanzen, Singen, Streiten, Lachen, Nachdenken, Austauschen. Sie wirken in einem Raum, einem öffentlichen Frauenort, der allen zugänglich ist und der es möglich macht, das neue Zusammenspiel von Fülle und Verschiedenheit zu erlernen und zu erleben, wieder zu verwerfen und in gegenseitiger Achtsamkeit neu zu gestalten.

Genauso vielfältig und frei wie das Gehen und Sein im Labyrinthgarten ist, sind auch die Formulierungen in den verschiedenen Texten dieses Buches. Die Autorinnen erzählen von den Beweggründen, am Labyrinthgeschehen mitzuwirken, beschreiben die Anfänge des Projektes, berichten von zahlreichen Veranstaltungen, begründen ihren gesellschaftspolitischen Anspruch, veranschaulichen die spirituelle Bedeutung des Ortes im Beziehungsgefüge der Stadt, eröffnen neue Wege des Denkens und geben die reichhaltigen Erfahrungen weiter, die sie in 20 Jahren Labyrinthplatz Zürich machen durften.

Die Leserinnen und Leser, die durch das Buch gehen, werden erstaunt innehalten und gewahr werden, dass im Zürcher Labyrinth jede Frau, die mitarbeitet, die Gelegenheit wahrnehmen kann, sich einzigartig, eigenständig, wichtig und kraftvoll einzubringen. »Der eigene Standort in einem Ereignis ist der Schlüssel für den Zugang zur Wirklichkeit dieses Ereignisses, auch für die anderen.« (Zamboni 1999, S. 156)

Der Labyrinthplatz im Zeughaushof in Zürich ist ein Pionierplatz in verschiedenem Sinn. Zum einen, weil er seit 1991 eine Länder übergreifende Labyrinthbewegung ausgelöst hat, zum anderen, weil die Labyrinthfrauen einen Weg eingeschlagen haben, »wo vorher keiner war«. Sie haben das Labyrinth mit seiner alten Lebensweisheit in die

Gegenwart geholt, es wieder ins Bewusstsein und somit neu auf die Welt gebracht. In diesem Urbild der Menschheit haben sie eine komplexe, wegweisende Struktur für menschliche Handlungsweisen gesehen, ein für unsere Zeit notwendiges und gangbares Kultur-Muster, das, von vielen gebraucht, zum selbstverständlichen täglichen Brauch werden kann: sich besinnen auf die Grundlagen des menschlichen Seins und miteinander reden über die elementaren Bedürfnisse für ein würdiges und gewaltfreies Zusammenleben aller Wesen auf diesem Planeten.
Gleichzeitig mit der Gründung des Pionierplatzes haben die Frauen von Zürich auch ein internationales Projekt von öffentlichen Frauenplätzen ins Leben gerufen. Sie haben den Impuls sowie Mut und Kraft an zahlreiche Frauengruppen weitergegeben, an anderen Orten einen eigenen Labyrinth-Platz zu gründen und dort ihre Anliegen auch außerhalb der üblichen gesellschaftlichen Strukturen öffentlich zu machen.
Das gemeinsame Kennzeichen der öffentlichen Frauenplätze ist das Bild der »Frau im Labyrinth«. Es erinnert an die weltweit unverzichtbare Kraft und Präsenz der Frauen und des Weiblichen in allen Bereichen des Lebens.

Wir wünschen allen einen erlebnisreichen Gang durch dieses Buch, jeder Leserin, jedem Leser als Pionierin und Pionier des je eigenen Weges.

Die Autorinnen

gwundrig hinein- und herausfinden

Ursula Knecht

Du stehst im Tor, am Eingang zum Labyrinth. Du fragst dich: »Soll ich hineingehen? Was erwartet mich? Werde ich mich verirren, werde ich wieder herausfinden?«

Unzählige haben uns dies im Laufe der vergangen Jahre gefragt, oder es ist auf ihren Gesichtern zu lesen, wenn sie unschlüssig unter dem Torbogen stehen. Und sie fragen uns: »Was ist ein Labyrinth, was macht ihr hier?«

Was antworten? Mit welchem Wortschatz, in welcher Sprache sollen wir reden? Mit welchen Bildern, Geschichten uns verständlich machen? Was wissen wir denn selbst vom Labyrinth?

Am besten, du gehst das Labyrinth, du lässt dich ein ins Ungewisse und erlebst von tausend Antworten die tausendundeine. Gegeben ist ein wendungsreicher Weg, unübersichtlich lang. Kaum beginnst du ihn zu gehen, stehst du vor der Wahl: Auf was richte ich meine Aufmerksamkeit, was ist wichtig? Sehe ich an den Pflanzen ihr Wachstum und

Blühen, die Samen oder das verwelkte Laub? Ist das Wesentliche im Schatten verborgen? Und dann die Mitte: Erleichterung, Leere oder Zweifel? Ist das alles oder ist es erst der halbe Weg? Soll ich abkürzen? Was wird mir dabei entgehen? Alles hat seine Kehrseite. Ich gehe den Weg noch einmal und jetzt sehe ich die Steine am Rand, diesmal im Licht.
Die Frage »Was ist das Labyrinth?« bedeutet immer auch: Wo stehe ich? Wer bin ich?
Probier es aus! Geh mit einer, mit deiner Frage ins Labyrinth! Vielleicht gibt das Labyrinth dir eine Antwort, vielleicht verändert sich aber auch deine Frage im Gehen. Versuch es wieder und wieder!
Mit jedem Menschen, der das Labyrinth betritt, beginnt eine neue Geschichte. Einige erfahren wir, die meisten bleiben uns verborgen. Sie lassen sich auch nicht zwischen zwei Buchdeckel pressen, sie entschlüpfen dem Labyrinth, sie treffen auf jemanden, werden weitererzählt, manche gehen um die Welt, zum Beispiel nach Amerika. Eines Tages standen am Labyrintheingang ein paar Frauen aus San Francisco. Sie kamen vom Flughafen direkt zum Labyrinth. Eine Geschichte hatte sich bis zu ihnen verirrt und sie wollten wissen, was es mit dem Labyrinthplatz Zürich auf sich hat. Amerikanerinnen sind neugierig.
Und weil wir gerade von Amerika sprechen: Dort lebt das Volk der Hopi. Die Hopi kennen das Labyrinth von alters her. Sie brauchen es für bestimmte Feiern. Es heißt bei ihnen Tapuat. Das bedeutet Mutterschoß, Wiege, Erde; der Ort also, von dem wir herkommen und wohin wir zurückkehren. Woran erinnert uns Zürcherinnen und Zürcher das Wort Wiege? Wen oder was wiegt die Labyrinthfrau im Zeughaushof in ihren Armen?

Eine Geschichte aus den Anfängen:
Sie würde mich auslachen, käme ich ihr heute mit dieser Geschichte. »Du hast geträumt«, würde sie sagen, »dir etwas zusammenfantasiert.«
Sie täuscht sich. Ich sehe sie vor mir, als ob es gestern gewesen wäre.
Sie stand am Rand des Labyrinths in einem eleganten Jackenkleid und Stöckelschuhen. Neben ihr ein vielleicht 9-jähriger Junge mit dunklem Haarschopf und wachen Augen. Sie beobachteten uns aufmerksam. Es war in den ersten Tagen, nachdem wir das Labyrinth in die umgepflügte Zeug-

hauswiese hineingeformt hatten. Die Beete waren aufgeschüttet, der Weg dazwischen begehbar gemacht worden. Jetzt warteten wir gespannt auf die ersten Pflanzerinnen und Pflanzer.

Ob sie einen Gartenanteil möchte, wandte sich Vera an die junge Frau und ließ für eine Weile die Schaufel, mit der sie die Wege einebnete, ruhen. Sie blinzelte ihr aufmunternd zu.

Die Frau schüttelte den Kopf und entgegnete schüchtern: »Nein danke, ich kann nicht.« Ihr Akzent verriet, dass sie keine Einheimische war.

»Aber vielleicht der Junge?« Vera gab nicht so schnell auf. »Wie heißt du?«

»Manuel«, schoss es aus seinem Mund.

»Nun, Manuel, du könntest hier etwas anpflanzen oder säen und schauen, wie es wächst. Wir haben Radieschensamen dabei. Wenn du jetzt säst, kannst du schon in ein paar Wochen die ersten Radieschen ernten.«

Der Junge war Feuer und Flamme. Er redete aufgeregt in einer fremden Sprache auf die Mutter ein, zerrte sie an der Hand und ließ nicht locker, bis sie ihm ins Labyrinth hineinfolgte. An ihren hohen Absätzen klumpte die Erde.

Vera bot ihnen ein Plätzchen zum Bepflanzen an. »Vielleicht hier, in der Nähe des Eingangs. Dann habt ihr's nicht so weit.«

Sie fürchtete wohl, die Frau könnte sich zurückziehen, wenn sie ihr einen weiten Weg zumutete.

Dem Jungen drückte Vera eine kleine Hacke in die Hand und zeigte ihm, wie er das Beet zubereiten solle: die Erde gut lockern, damit die Samen bald keimten. Er machte sich begeistert an die Arbeit.

Es dauerte nicht lange, bis auch die Mutter am Rand des Beetes kauerte. In ihre bloßen Hände nahm sie Erdbrocken, zerkrümelte sie und ließ die feingesiebte Erde durch die Finger ins Beet zurückrieseln. Sie achtete nicht auf das Kleid, nicht auf die Schuhe.

Wir trauten unseren Augen nicht.

Vielleicht war es das erste Mal, dass sie in ihren Händen Erde aus dem fremden Land spürte.

Ilona ist eine unserer eifrigsten und treuesten Gärtnerinnen geworden. An warmen Sommerabenden, wenn sie nach der Arbeit im Café zum Labyrinthplatz kommt, um ihre Pflanzen zu gießen, rauchen wir manchmal zusammen eine Zigarette und halten einen langen Schwatz. Dann muss ihr Mann zu Hause eine Weile aufs Abendessen warten. Das war früher nicht vorgekommen. Da stand das Essen immer pünktlich auf dem Tisch.

»Dafür bringe ich ihm frisches Gemüse aus dem eigenen Garten«, lacht Ilona und schwenkt ein paar Schalotten.

Nachtrag 2006:
Ilona, die Gärtnerin der ersten Stunde, ist längst mit ihrer Familie nach Portugal zurückgekehrt. Aber die Erinnerung an sie bleibt im Labyrinth aufbewahrt, ebenso wie die an Tina, die alte Italienerin, die auch in ihre Heimat zurückgekehrt ist. Jedes Jahr, wenn sie ihre Tochter in der Schweiz besucht, stattet Tina auch dem Labyrinth einen Besuch ab und freut sich, dass ihre Gladiolen immer noch hier blühen.
Tina war wie viele Menschen aus Italien in den 70er-Jahren nach Zürich gekommen auf der Suche nach Arbeit. Der Stadtteil, in dem sich der Labyrinthgarten befindet, war lange das Viertel der eingewanderten ItalienerInnen. Häuser, Straßennamen, Versammlungslokale, Hotels, Reisebüros, Buchhandlungen erinnern daran.
Eines Tages hatte Tina das Labyrinth entdeckt und um ein Stücklein Land gebeten, um Gemüse und Blumen zu pflanzen. Wie viele Italienerinnen dieser ersten Generation der Zugewanderten verdiente sie ihren Lebensunterhalt mit Putzen. Mit *Pulizia,* sagte Tina, nicht mit *Polizia.* Am 1. Mai aber, wenn Tausende im Kasernenareal ein Fest feiern, durchs Labyrinth gehen, viele Kinder auch, die einander nachrennen, manchmal straucheln und in Tinas Beet fallen, da hatte Tina ihren großen Tag. Da pflanzte sie sich neben ihrem Beet auf und mit einmal galt nicht Pulizia, sondern Polizia. Lautstark und mit erhobenem Zeigefinger verkündete sie jedem, der durchs Labyrinth spazierte, wo es langgeht. Auf den Steinen, die den Weg an Tinas Beet vorbei säumen, haben wir geschrieben »o sole mio«. Tina ist in ihre Heimat zurückgekehrt, die Farbe auf den Steinen ist verwittert, aber die Erinnerung an sie bleibt wach.

Als 1991 die ersten Pflanzerinnen und Pflanzer das Labyrinth zum Leben erweckten, es zu keimen, sprießen, wachsen und blühen begann, zog das ungewohnte Treiben auf dem vormals öden Platz Neugierige an. Sie spazierten auf dem Labyrinthweg entlang der Beete, drückten ihre Bewunderung aus, fragten nach den Namen der Pflanzen, gaben Ratschläge.

Die GärtnerInnen begriffen, dass ihr individuelles Gärtchen an ein Ganzes angeschlossen ist. Allmählich nahmen sie die anderen Gärtchen und ihre BetreuerInnen wahr. Sie eilten nicht mehr wie in den Anfängen auf dem schnellsten direkten Weg zu ihrem eigenen Beet, sondern ließen sich ab und zu auf einen Spaziergang durchs ganze Labyrinth ein.
Und wir Labyrinthfrauen waren um eine Einsicht reifer. Wir verstanden, dass es die Hingabe an den eigenen Garten, das eigene Projekt, die eigene Idee braucht, damit etwas gedeiht und in der Welt Bestand hat. Es braucht aber auch jene, die diese individuellen Projekte und Produkte aufmerksam wahrnehmen, sie miteinander verknüpfen und die Verbindung zwischen ihnen schaffen. Es braucht das »Gärtchendenken«, aber es braucht auch das Wahrnehmen der Zusammenhänge.

Lust, durchs Tor zu gehen und dich »gwundrig«, nämlich offen für Wundersames, dem Weg durchs Labyrinth anzuvertrauen?

Geh ins Labyrinth, mein Herz
Entdecke dich im Garten
Verlier den Kopf auf dem Herzweg
Finde, was dir wichtig ist
Lass dir in den Grenzen das Grenzenlose zeigen
Stärke dich am Unscheinbaren
Erfrische dich am Unbekannten
Erfreue dich an der Vielfalt
Lass dich überraschen
Lern die Kunst, zu wandeln

DOCH..."
... WIE D

UND GELD

UrSprünge und BeWegGründe

Agnes Barmettler & Rosmarie Schmid

Agnes Barmettler:

Ich fange an wie vor einer leeren Leinwand, versuche zu sagen, was mich immer wieder dazu bringt, mich einzulassen auf das, was ich nicht kenne.

Seit vielen Jahren beschäftige ich mich mit dem Labyrinth. Ich befrage dieses Bild, möchte sein Wesen erfassen, seine Geheimnisse entdecken und erkunden. Ich will wissen, was dieses Urzeichen mit mir macht, möchte die kleinen Veränderungen wahrnehmen, die ich beim Gehen von Anfang zu Anfang durchlaufe. Immer wieder lasse ich mich ein; denn ich möchte herausfinden.

Die überlieferte Struktur des Labyrinths weist mir den Weg. Ich lasse mich führen.

Wo bleibt da mein freier Wille und die Möglichkeit, mich zu entscheiden, wenn ich einem vorgegebenen Weg folge? Diese Frage leitet mich auf einen Umweg. Vielleicht sollte ich mich zuerst praktisch an dieses Zeichen annähern, seine äußere Erscheinung

genauer ansehen, verstehen, wie es gemacht ist, welche Eigenschaften wesentlich sind beim Labyrinth.
Ich beginne zu zeichnen, erlaube mir kreative Freiheit, ich gehe vergängliche Labyrinthe in den Sand, in den Schnee oder gestalte sie mit Heu, Laub, Holz, Obst, Samen etc. Ich kann dabei wählen, ihre Größe, Form und Wegführung verändern, mich von einem gegebenen Ort inspirieren lassen, die Anzahl der Umgänge, Achsen und der Wendepunkte darauf abstimmen oder mir einen geeigneten Ort für meine Bedürfnisse suchen.
Die Freiheit von vielen Möglichkeiten verlangt Entscheidungen.
Ich muss mich beschränken, verzichte bewusst auf die Spielmöglichkeiten mit Irrgängen und bleibe beim Wesentlichen des Labyrinths. Es gibt jeweils nur einen Weg, kreuzungsfrei und ohne Sackgassen. Dieser Weg, egal ob von außen oder von innen her gegangen, führt pendelartig und in wechselnder Nähe zur Mitte oder zum Rand auf der längst möglichen Strecke durch einen ausgewählten Raum.
Bei dieser praktischen und formalen Auseinandersetzung mit dem Labyrinth sehe ich eine Fülle von vertrauten Zeichen.

Sie sind in diesem Urbild ablesbar. Ich beginne, sie zu erforschen mit Hilfe meiner Malerei, sehe sie plötzlich überall in der Welt und betrachte das Spektrum ihrer Bedeutungsfülle. Innewerden und Äußern sind interaktive Kräfte beim Entstehen von Bildern.
Das Labyrinth zeigt sich mir als integrales, komplexes Zeichen, in dem die ganze Welt mit ihren Gesetzmäßigkeiten verborgen zu sein scheint. Das Labyrinth bewegt mich.
Ich gebe nicht auf. Nach meinem Ausflug in die Freiheit der Wahlmöglichkeiten sehe ich ein, die äußere Form, die Weg weisende Struktur sind nicht alles. Es gibt noch etwas dazwischen.
Ich fange nochmals an und folge dem vorgegebenen Weg. Auch da gibt es etwas, zwischen innen und außen. Die Extreme sind nicht alles. Zahlreiche Schritte sind dazwischen. Ich müsste zuerst gehen, aus wechselnden Standpunkten sehen. Bevor ich mich nicht ganz und gar eingelassen habe, kann ich nicht herausfinden.

Der Umweg scheint endlos. Ich tauche ein ins labyrinthische Abenteuer. Ich gebe nicht auf, bis ich mittendrin ankomme. Hier geht es nicht weiter. Die Mitte ist leer. Ist das alles? Was habe ich erwartet? Es reicht wohl nicht aus, im Zentrum mich selbst zu finden und es mir mit meinen dürftigen Erkenntnissen wohl sein zu lassen. Die für unsere Zeit geläufigste Art zu denken hat mich in eine Sackgasse geführt. Mein ungeduldiges Streben nach dem einen Ziel ist nichts anderes als eine einseitige Betrachtungsweise.

»Kehrtwende – Zurück zum Anfang!«, sagt mir das Labyrinth. Der Weg zurück ist genauso lang und ausschweifend. Es hilft, wenn ich lerne, alles noch einmal aus einer anderen Richtung zu betrachten und Schritt für Schritt auch die Kehrseite von allem neu zu bedenken.

Auf dem Rückweg kommt mir jemand entgegen. Ich wähle eine achtsamere Gangart. Auf diesem schmalen, gewundenen Pfad lerne ich, entgegenkommend zu werden. Spontan äußere ich meine labyrinthische Erfahrung, teile sie mit einer mir unbekannten Person. Wir lächeln und hören einander zu. Jede Begegnung kann beides sein: Stolperstein und Gehhilfe. Widersprüche und Zweifel irritieren und sind gleichzeitig ein Training für das Vertrauen und der Anfang zu überraschenden Erkenntnissen.
Gehen mit anderen verändert die Gangart.
Die Welt aus dem Standpunkt eines anderen betrachten, erlaubt einen neuen Blickwinkel auf den eigenen Horizont.

Ich fange nochmals an.
Das Labyrinth schenkt mir eine wichtige Einsicht. Ich drehe mich um die eigene Achse. Meine Arbeit verlangt nach Reibung. Allein komme ich nicht weiter. Ich sehe mich um, finde vorerst keine Literatur zum Labyrinth.
Auf die Straße vor meinem Atelier male ich ein Labyrinth. Die Kinder helfen mir dabei. Sie fragen, was das sei, und rennen durch das Bild. Gemeinsam fangen wir an, wir lassen

uns ein, nehmen das Zeichen unter die Füße, denken darüber nach und tauschen unsere Erkenntnisse aus. Herausfinden macht Spaß!
Die Zeit ist reif, das Labyrinth kommt in meine Malerei, geht mit den Bildern in Ausstellungen, zuerst an die Wände, später kommt es auch dort auf den Boden. Ich gestalte Räume, begehbare Installationen mit wechselnden inhaltlichen Themen.
Zum Beispiel ein Labyrinth, gestaltet als Bild der Erde mit all ihrem Reichtum: Die Wände des Labyrinths sind gebaut mit Bildern, Texten oder Gegenständen aus der Mineralien-, Pflanzen- und Tierwelt und dem, was die Menschen daraus herstellen und tun. Auf dem Weg dürfen die Ausstellungsbesucher und -besucherinnen etwas mitnehmen, was ihnen gefällt, aber sie ersetzen es, bringen etwas Eigenes mit. Es gäbe sonst eine Lücke im Labyrinth und für die Nachfolgenden bliebe vom Reichtum dieser Erde nicht viel mehr übrig als ein Irrgang. Die Leute lassen sich ein auf den Tauschhandel. Sie diskutieren über Werte, stellen Fragen wie: »Was mache ich, wenn ich nichts bei mir habe, wenn ich meine Auswahl reservieren möchte, bis ich mit etwas mir ebenso Wertvollem wiederkomme? Und dann kommt jemand, tauscht das mit irgendetwas, das zufällig in seiner Tasche ist, und du bekommst am Ende für dein Bild irgendeinen Tand.« Gemeinsam finden wir Antworten, machen die Regeln. Mit den Kindern testen wir sie aus. Wo immer ein Name dabeisteht, ist das eine Option, es darf nichts weggenommen werden. Es ist kurz vor Weihnachten, das Labyrinth wird zur Geschenkebörse. Die Kinder holen hier Spielsachen, welche andere bringen. Einige singen ein Lied und hinterlegen einen Zettel mit ihren aufgeschriebenen Taten und allerhand mehr. Bei vielen interessanten Gesprächen wandelt sich das Bild der Erde mehrmals an jedem Tag.

Das Labyrinth regt nicht nur mich an, die Welt, in der wir uns befinden, in neuen Zusammenhängen zu erleben.

Auch bei anderen Labyrinth-Installationen erzählen die Leute von ihrem Leben, von ihren ganz persönlichen Schritten ins Unbekannte. Von unseren Erfahrungen mit den scheinbar unvereinbaren Widersprüchen im täglichen Leben reden wir, von unseren

Ängsten und Zweifeln, von Freundinnen und Freunden, die uns begleiten, uns zu plötzlichen Wegbiegungen anregen, wo eine andere Sicht und der Mut zu Veränderungen möglich werden. In unseren Geschichten entdecken wir die Verwandtschaft mit den Kreisläufen in der Natur. Wir sind bewegt und bewegen uns. Es ist ein Anfangen, immer wieder, Perpetuum mobile, erneut gehen und kommen, erfassen und loslassen, immerfort.

Mit dem Labyrinth habe ich überraschend eine direkte Reibung mit irgendwelchen fremden, »dahergelaufenen« Menschen bekommen. Auch wenn sie vom Labyrinth weder den Mythos noch sonst etwas aus seiner Tausende Jahre alten Geschichte mit den zahlreichen Deutungsversuchen kennen, haben sie eine Ahnung von diesem Bild und äußern sich mindestens so kompetent wie einige Experten aus dem Kunstbetrieb.

Ich suche zusätzlich einen intensiven Austausch mit meiner langjährigen und treuen Begleiterin in meinem künstlerischen Werdegang. Rosmarie Schmid teilt mit mir auch das Interesse für das Labyrinth, ihre und meine Arbeit treffen aufeinander, ergänzen sich. Begeistert machen wir uns auf den Weg. Gemeinsam fangen wir an.

Ja, liebe Rosmarie, in zahlreichen Gesprächen haben wir uns mit diesem uralten Bild auseinandergesetzt und es mit der gegenwärtigen Welt in Verbindung angeschaut, unsere unterschiedlichen Erfahrungen und Lebenszusammenhänge miteinander geteilt. Also können wir dies auch jetzt tun, in diesem Buch, und über unsere Beweggründe schreiben. Wir wissen beide etwas, haben mit vielen anderen geredet und zugehört und dabei neue Impulse bekommen und gegeben. Wir können dies alles auch mit anderen Interessierten teilen.
Deshalb frage ich dich:
Wie und warum hast du dich auf den Weg gemacht? Wie ist das Labyrinth-Projekt in dir gereift? Wie hat es sich entwickelt? Warum bewegt dich die Arbeit mit diesem Bild noch immer? Was ist dir wichtig an der lebendigen Auseinandersetzung mit den Frauen und mit all den Menschen, die unseren öffentlichen Frauenplatz besuchen?

Rosmarie Schmid:
Agnes, du beschreibst deinen Umgang mit dem Labyrinth als eine Arbeit von Anfang zu Anfang, die Erfahrung als Künstlerin ist zu erspüren. Früher einmal hast du mir verraten, was mit dir geschieht, wenn du als Malerin ein neues Bild beginnst: Die Vision ist da, die Farben auf der Palette sind bereits mit Terpentin vermischt, deine Hände haben Spuren von Erde, weil du zuvor im Garten gewühlt hast, jetzt vergisst du deine Bildidee und alles um dich herum, du malst einen ersten Strich auf die Leinwand, der Anfang ist gemacht, etwas Neues kann beginnen. Das ist für mich eine der wichtigen Botschaften deines Textes: Mir erscheint die neuentstandene (weltweite) bisherige Arbeit mit dem Lebenszeichen Labyrinth wie der erste Strich auf der Leinwand unserer Jetztzeit und ich bin überzeugt:

Wenn im begonnenen Jahrtausend mit dem Wort Frieden die Erwartung an das Leben von allen Menschen gemeint ist, wie es die Menschenrechte der UNO erklären (10. Dezember 1948), kann die Arbeit mit dem jahrtausendealten Labyrinth als heilende Aufgabe erkannt werden. Sie gilt der Achtung allen Lebens, das heißt, sie ist mit der Mensch-Werdung einer jeden einzelnen Person verbunden.

Ein bildhaftes Beispiel dazu kann diese Vorstellung erhellen:
Anstelle eines Objektes, das höher und höher in den Himmel ragt, wäre ein *erdiges Labyrinth* auf dem Platz des ehemaligen World Trade Centers in New York eine glückliche Lösung für ein Denk-Mal, ein bewegter und bewegender Schauplatz ohne Massendemonstrationen, Tag und Nacht begehbar, ein fließender Strom besinnlicher Menschen aus aller Welt – *alle sind willkommen, jede/jeder versteht die Botschaft des Labyrinths in der MutterSprache.*

Ich will fortfahren und meine eigenen Beweggründe benennen, die mich zum Labyrinth geführt haben. In mir vibriert und pocht es, mir wird schwindlig, wenn ich mich an die jahrelange politische und spirituelle Vorarbeit und Mitarbeit beim Labyrinth erinnern will. Die Macht meiner inneren Bilderwelt überrollt mich, in jedem einzelnen Bild erlebe ich mich in einem bestimmten Kreis von engagierten Frauen (und wenigen Männern), immer wieder an anderen Orten und in anderen Landschaften. Ich wähne die leidenschaftliche Präsenz der Beteiligten und ich möchte am liebsten wie unsere Steinfrau im Zeughauslabyrinth die Arme ausbreiten und alle umarmen. Weder gemeinsam noch einzeln ist dies möglich, zumal auch die AutorInnen der wegweisenden Studientexte, die damals bei unseren Vorarbeiten wichtig waren, in der Erinnerung mitgemeint sind.

> *Sich Gedanken machen und danken,*
> *das gehört bei mir zum labyrinthischen Abenteuer.*

> »Die Anzahl der Leben, die in unseres treten, sind unabsehbar.« (John Berger)

Dieses Zitat kommt mir jetzt zu Hilfe. Mir ist es zugedacht in einem Gedicht einer Freundin nach jahrelanger gemeinsamer Arbeit mit Kunstausstellungen und Frauengruppen, im Wissen um mein stetes Engagement beim Suchen und Erproben von *neuen Anfängen* – wie jenes mit den fremdsprachigen Jugendlichen, mit den Studentinnen der Kunstgeschichte auf den Spuren von Künstlerinnen, die damals im offiziellen Studium noch nicht vorkamen, bei den Friedensfrauen in der Bürgerrechtszeit, bei Demonstrationen auf

der Straße, in Studiengruppen der neuen Frauenbewegung, in den Ritualen zur Matriarchatsforschung ... Immer wieder war mein analoges Fazit: Wenn sich die ersten Intuitionen sichtbar realisiert hatten, ging ich weiter, musste ich weitergehen, es anderen überlassen, anderswo neu anfangen.
Das bodenständige Labyrinth in der Öffentlichkeit will es anders, alle meine Übungsfelder kann ich hier gebrauchen und sie verweisen mich gleichzeitig auf die Mitwirkung der WeggefährtInnen mit ihren je besonderen Begabungen und Inspirationen. Unablässig stehen andere Situationen an und rufen nächste Fragen auf, *eigentliche Fragen unseres Daseins,* das Dranbleiben erweckt in mir die Sehnsucht nach Dazugehörigkeit und Dauer, be-longing, belonging to ...

Die Bilderinnerungen sind tausendfach kleine Aha-Erlebnisse, absurde Momente, selbstverständliche Wertschätzungen, widersprüchliche Beobachtungen, die sich reflektierend ergänzen oder relativieren, zufällig oder zukunftsorientiert. Ich spüre den Widerstand, darüber zu schreiben, und doch, wie viele Jahre bin ich unterwegs im Labyrinth? Die Erinnerungen sind nie bloß treffende Worte, *hinter jeder steht ein tatsächlicher Wert einer aktiven Handlung oder eine gemeinsame Erfahrung, auch in der kleinsten.*

Zudem hat sich im Zeughaushof vieles geändert, in der Richtung, wie wir es uns erdacht hatten, als Ort der Begegnung und der Bezogenheit. Wäre mein Schweigen ein Verschweigen?

Zwei Beispiele – festliche Begegnung und Gartenalltag:
Wie gerne hätten wir beim Labyrinth-Kongress 2003 im Inneren unseres Gartens das Feuerlabyrinth entzündet, doch die lang anhaltende Trockenzeit erlaubte kein Feuer im Freien und verhinderte diesen Wunsch. Enttäuscht standen wir Teilnehmenden im großen Kreis in der dunklen Zeughaushalle. In der Mitte lag ein winziger Labyrinthweg aus Zündschnur geformt, die Töne der Klarinette wurden nach und nach zum verbindenden Klang in dem dunklen Raum, das klitzekleine Lichtlein am Ende der durchnässten Schnur kroch zögerlich vorwärts, leicht flackernd, unendlich lange ... im Glanz unserer Augen

nahmen wir das freudige Erstaunen gegenseitig wahr: Der keimende Lichtschimmer auf der kleinen Spur des Labyrinths erzeugte eine berührende Nähe, eine wirkliche Nähe an einem überraschenden Labyrinth-Ort.
Das Sonnenblumenfeld der Einschulungsklasse war mit farbigen Steinen markiert, im Gartenbuch waren die Namen der Kinder deutlich aufgeschrieben:

Angelika Doges	Jugoslawien	Rojo Manjoseph	Indien
Lepa Cvetkovic	Jugoslawien	Jbrahim Ciftci	Kurdistan/Türkei
Miriana Topic	Jugoslawien	Jbrahim Jilmaz	Kurdistan/Türkei
Jeton Munishi	Jugoslawien	Hasan Sünbül	Kurdistan/Türkei
Leila Salahi	Jugoslawien	Alfredo Ronda	Italien
Hismele Miftori	Jugoslawien	Andre Pereira	Portugal
Zoran Krcic	Jugoslawien		

Der Staat Jugoslawien zerfiel in einzelne Staaten und die verschiedenen Herkunftsländer der Kinder wurden »von einem Tag zum anderen« von den Erwachsenen spürbar als feindlich definiert. Als Zeichen der Hoffnung und der Hilflosigkeit ließen wir farbige Ballone in den Himmel steigen. Lange schauten wir ihnen nach, der Wind trug sie in Richtung Ost.
Nachtrag: Als die Familie aus Serbien ihr Labyrinthbeet weitergab an die Familie aus Kosovo-Albanien, wurde aus der scheuen, gegenseitigen Übereinkunft ein kräftiger Händedruck, für alle Anwesenden sichtbar.

Ein eigensinniges *Wir* ist in mir entstanden, es ist das Wir, *gemeinsam unterwegs zu sein.* Indem ich dieses Wort Wir gebrauche, wechseln und wandeln sich die augenblicklichen Bilder in assoziativer Weise wie beim Gang durch den Labyrinthgarten – eine Pflanze erblüht, die andere welkt, ein Kind lacht mich an, die vorübergehende Person ist still in sich gekehrt ... und ich verstehe die an mich gerichtete Frage sehr wohl, wenn ich von meinen Erlebnissen erzähle: »Wen meinst du eigentlich mit dem Wir? Die Freundinnen aus dem Labyrinth, deine Familie, die Kinder der Welt, die Randständigen, die Zweifelnden, die Friedensuchenden, oder einfach uns beide?«

Darum, Agnes, zurück zu unserem gemeinsamen Beginnen! Begegnet sind wir uns bei einer Kunstausstellung. Bereits beim ersten Betrachten deiner Frauen- und Landschaftsbilder war ich ergriffen (die Baumfrau, die Frostfrau, die Vogelfrau, die Jahreszeiten, die Wasser- und Feuerbilder ...), jedes einzelne Bild schien mir eine *wegweisende Metapher* für unsere heutige Zeit zu sein. Sie erinnerten mich an *spontane Szenen* in meinen eigenen Tätigkeiten, geschaffen für den Augenblick, in deiner Ausstellung waren es greifbare Bilder der Kunst. Ich fühlte mich schwesterlich verbunden, ich ließ mich gern vom Labyrinth neu begeistern und du brauchtest von mir keine lange Erklärungen zur Bildsprache der Szenen und Performances für das Lebensbild Labyrinth. Und als du für einige Jahre deine Pinsel zur Seite legtest, und ich fragte, ob für dich als malende Künstlerin dieses einmalige Erscheinen und Verschwinden der lebendigen Bilder nicht ein Verlust ihrer Wirkkraft, ihres Wertes darstellt, war deine Antwort: »Du hast selbst einmal gesagt, dem Kommen und Verschwinden auf dem Labyrinth ist eine heilende Kraft zuzuschreiben. Das ist ähnlich wie bei Musik, Tanz und Theater, ihr eigentlicher Wert ist das Erleben und ihre Wirkkraft bleibt im Körper und in der Erinnerung lebendig.«

Mein nächster assoziativer Sprung geht mitten hinein in die elementare Grundfrage: *Wieso braucht es Labyrinthe?*

Die Beantwortung dieser Herzensfrage beginne ich mit einem kühnen Doppelblick, mit einem Zweifachklick ins Bild-Lexikon unserer Computer: Auf der einen Seite erscheint unfassbar großartig das *faszinierende Welterbe* der Menschen in der Kunst der Denkmäler und Bilder, in Religion und Literatur, in Wissenschaft und Technik ... ebenso unfassbar erschreckend erscheinen andererseits die dramatischen *Bilder von Gewalt und Krieg!* Ein Meer von dazugehörigen Fragen stellt sich ein, Fragen nach den menschlichen Hintergründen zum Entstehen dieser krassen Gegenwelten. Es gibt sie auf allen Ebenen, die Schönheit in sich bis zur Schönheit des Hässlichen. Es gibt sie tausendfach, die Schrecken des sichtbaren und des unsichtbaren Krieges, und mittendrin steht die einzelne Person.

> Jeder weiterdenkende Mensch weiß heute, dass allein die äußere und innere Friedensgewähr das lebenswerte Weiterbestehen unserer bevölkerten Erde garantiert. Braucht es überhaupt Menschen auf unserem Planeten?
>
> *Woher kommen wir? Wohin gehen wir?*

Auch wenn meine Gedanken verkürzt sind, ich versuche weiterzukommen in der Vorstellung, wieso das Labyrinth als Welterbe gegenwärtig wieder erscheint:

Seit der Antike, im Mittelalter und bis in unsere Gegenwart hinein haben immer wieder führende Männer die Leitbilder für sich selbst und gleichzeitig auch für die Frauen »formuliert«, in der neuen Frauenbewegung endlich war das notwendige Bewusstsein wieder da: *Wir Frauen können unsere Lebensbilder selbst schaffen und die Urbilder neu interpretieren,* damit wir sie in den realen Handlungsräumen des Lebens umzusetzen vermögen, in allen Bereichen.

Woher die Hoffnungen nehmen für diesen Wandel im gesellschaftlichen Reifungsprozess? Wer mag das Wort vom neuen Paradigma überhaupt hören? Ist die Herausforderung »Berge zu ver-rücken« ein purer Angstwahn vor der großen Katastrophe, die sich die Menschen selbst zufügen können? Andere sind überzeugt, dass wir Menschen eine vorübergehende Randerscheinung sind, zufällig und mit Größenwahn ausgestattet.

Das Gleichnis vom »Berge verrücken« erinnert mich an den Wettbewerb »Zürich morgen«: Die Schweiz wollte 1991 ihr 700-jähriges Bestehen feiern und im Kanton Zürich wurden öffentliche Leitideen gesucht für eine lebensbejahende Zukunft. Du, Agnes, warst bei den Hopi in den USA und ich nahm meinen Mut zusammen und versuchte, in lebendiger Weise unsere Frauenerfahrungen mit dem Labyrinth aufzuschreiben. Ich bat meinen Mann, den Text durchzulesen, und ich erinnere mich, dass er ihn ohne Zögern ergänzte mit einem Satzanfang:

> *»So selbstverständlich wie Fußballplätze«, Bibliotheken, Hallenbäder und andere öffentliche Einrichtungen sollte in größeren Gemeinden und Städten ein Labyrinthplatz zur Verfügung stehen, von Frauen initiiert, verwaltet und in Absprache mitgestaltbar, frei zugänglich, für alle, als Ort der Besinnung, als Neuorientierung in der Gegenwart, als Kulturmuster für Umgangs- und Begegnungsformen im öffentlichen Raum.*

Auch heute noch ist es für mich schwierig, eine für mich authentische Begründung der Labyrinthplätze für die Öffentlichkeit in wenige Worte zu fassen. Die möglichen Missverständnisse sind in der mainstreamartigen Logik vorprogrammiert und absehbar, umso deutlicher pocht in mir das Suchen und Erkennen der entwerteten *weiblichen Lebenslinie* auf der männlichen Werteachse: *Sie gehört unverzichtbar dazu.* Der aktuelle Versuch ist am einfachsten beschrieben mit drei Worten: *weibliche Conditio humana.*

Was ist damit gemeint? Warum ist sie unverzichtbar? Was ist verloren gegangen, wenn in den großen Machtbereichen die »andere«, die weibliche Seite des Humanen, nicht mehr vorhanden ist? Dieser Verlust ist kaum gewichtig genug zu bewerten, es geht um die eigentliche *Ganzheit der Lebenszusammenhänge für uns Menschen auf unserer Erde.*

Es handelt sich um das Ringen um die fehlende Anwesenheit der Frau, der Mutter in der Öffentlichkeit, es ist die Abwesenheit des weiblichen Anteils in der Schöpfung. Ähnlich verkürzt und privatisiert wie beim Wort Mutter ist es dem Wort Vater ergangen oder noch schlimmer beim Wort Gott (und Göttin), diese Worte können wir nur dann noch gebrauchen, wenn wir in den großen Fragen des Lebens auf eine absolute Aussage, auf einen absoluten Anspruch verzichten, damit wir sie *vertiefter, umfassender, weltweiter, aktuell liebender, lichtvoller und menschlicher zu interpretieren vermögen.*

Ist der Tod keine absolute Wahrheit unseres Lebens?
Was verstehen wir, wenn wir uns über die Geburt eines Kindes erfreuen?
Solches Sinnen trifft unsere Herzen und schwingt im Raum als erneuertes Fragen:

Was heißt Menschwerden? Was heißt sterben?

Darum sei noch einmal dringlich gefragt: Was ist, wenn in den großen Grundfragen der globalen Bereiche die Weibliche Conditio, die weiblichen Werte nicht integral vorhanden sind, real und symbolisch?

Es fehlt uns das »Eigentliche«, das was uns immer wieder aufmuntert im Zusammenleben, allüberall,
es fehlt der gegenseitige Respekt, die Achtung vor allem was lebt,
es fehlt die frische Luft zum Atmen,
es fehlt das fließende Wasser des Lebens (bei einigen Völkern eine reale, warnende Tatsache),
es fehlt die Achtsamkeit für das Gegensätzliche in allen Dingen, in Gelungenem und Gescheitertem,
es fehlt die Anerkennung der Fürsorge und Vorsorge im Kleinen und Verborgenen, oder sie ist sperrig auf das Örtliche fixiert, auf den Vorteil »meiner« Welt.
Es fehlt die Wirklichkeitsnähe zu den Rufen der Notleidenden, stattdessen bekommen die lärmigen Skandale aller Berühmtheiten den mehrfachen Medienraum.

Beim Durchblättern der Labyrinthordner aus unserer Anfangszeit im Zeughaushof erinnere ich mich intensiv an die jeweilige Vorarbeit für die Gestaltung der einzelnen Themen in unseren Veranstaltungen. Je besser wir vorbereitet waren, umso freier konnten sich die einzelnen Szenen entwickeln, oftmals überraschend anders als gedacht:

»nackt und bloß geboren«
»am Lebensfaden spinnen«
»schwarze & weiße Frauen« (am Karfreitag)
»die Eisheiligen«
»Talente mitbringen«
»was haben Einsame miteinander gemeinsam?«
»das Gießkannenprinzip«
»s'Gold vo Züri«
»Kraut – Unkraut, nützlich – nutzlos«
»Wettrennen in verschiedenen Paar Schuhen«
»die verkehrte Welt – die namenlose Frau«
»Leermond – Vollmond«
»Lust und Frust«
»macht Macht ohnmächtig?«
»achtsam, verachten, beachtet sein«

Die szenischen Umsetzungen der Themen hatten meistens einen Hang zur listigen Darstellung. Wir atmeten gern auf, vor allem dann, wenn du, Agnes, als Clownin die Dinge verkehrt dargestellt und den unbedingten Respekt herausgefordert hast.

Eine Schwingung war zu spüren, wie der Refrain eines Liedes mit unzählbar vielen Strophen:

Wo ist das komplexe Leben ebenso einfach, klar und gleichzeitig erkennbar gegensätzlich dargestellt wie im Labyrinth?

Hermann Kern, der Verfasser des wissenschaftlichen Standardwerkes mit dem schlichten Titel *Labyrinthe* und dem Untertitel »Erscheinungsformen und Deutungen. 5000 Jahre Gegenwart eines Urbildes« antwortete auf die Frage, ob das Labyrinth überall auf der Welt vorkam: »Das Labyrinth ist nicht überall vorhanden, was dafür spricht, dass eine bestimmte kulturelle Reife Voraussetzung für das Entstehen oder für die Aufnahme dieser Figur war.«

Gilt das nicht auch noch heute?

Entlang dieses Buches mit den historischen Erscheinungszeiten der Labyrinthe von Hermann Kern konnten wir unsere Ersterfahrungen überprüfen, *die gewaltsame Geschichtsklitterung der mutterrechtlichen Kulturen im Mythos des Minotaurus* klären, im Diskurs von *Labyrinth und Irrgarten* die Antwort finden, dass der Irrgarten als historisch »späte Verirrung« mit dem eigentlichen Labyrinth gar nichts zu tun hat. Die meisten Kulturen sind untergegangen, das uralte, vorpatriarchale Lebenszeichen Labyrinth wurde wiederentdeckt. Ein neuer Anfang ist gesetzt durch eine schier unauslotbare Botschaft:

Wir gehen hinein und gehen hinaus,
Schritt für Schritt, ohne uns verirren zu können.

Halt, was soll ich damit anfangen? Was soll dieser vernunftwidrige Satz bedeuten? Irren ist menschlich und wer kann sich nicht hundertfach an Verirrungen und Verwirrungen erinnern, sowohl im individuellen als auch im gesellschaftlichen Zusammenhang? Einerseits haben wir heute einsichtige Indizien und Zuordnungen auf fast allen Gebieten, die früheren Generationen noch nicht zur Verfügung standen. Sie orientierten sich an Ahnungen, die wir gern, allzu schnell, als Irrungen bezeichnen. Andererseits stecken wir selbst mitten in Unsicherheiten und wissen nur zu gut, dass sich so vieles davon als Verirrung und Verwirrung zeigen oder als Bluff, als Täuschung entlarvt werden wird.

Das Labyrinth ist ein Lebensbild des Vertrauens,
mitten in den Lebensbrüchen eine große Überraschung.
Ein Vertrauen ist angezeigt, wie wir es uns eigentlich
nur von der Poesie sagen lassen:

> Das nie Gesehene erhellt den Weg, das noch nicht Gehörte führt mich.
> Schau ich nicht mehr mit den alten Augen, so wird ein neuer Weg
> unter meinen Füßen sein. (Gitta Mallasz)

> Ein Stein weiß einen andern zu erweichen!
> Erklär mir, Liebe, was ich nicht erklären kann. (Ingeborg Bachmann)

Die Zumutung des Vertrauens ist beim Erforschen des Lebensbildes Labyrinth das eigentliche Wagnis, die unvermutete Feuerprobe. Hermann Kern ist es ebenso ergangen und darum wählte er nachträglich einen Satz als Motto für das ganze Buch:

> »Im Labyrinth verliert man sich nicht, im Labyrinth findet man sich.«

Dieser Satz ist aus der Erkenntnis verfasst, dass jedes echte Labyrinth dem Mythos der Gewalt widerspricht und stattdessen *die Selbstbegegnung als das Maß unserer Lebensorientierung* herausfordert. Heute, viele Jahre nach dem frühen Tode von Hermann Kern, stellen wir erstaunt fest, wie wirklichkeitsdringlich sein Zitat zwischenzeitlich geworden ist:

Das Labyrinth ist leer, hier können wir uns in keiner Weise vor uns selbst verstecken, weder hinter einer Weisheitslehre noch hinter einer Institution, nicht hinter einem Ideal, nicht hinter einem Wort, auch wenn es noch so gewichtig oder universell erscheint. Nicht einmal hinter dem Wort Gott können wir uns verstecken, denn vermutlich ist in der göttlichen Weisheit das Wunder geschaffen, dass wir uns letztlich nach einer Freiheit sehnen, die nicht unser Alleinsein preist, sondern immer deutlicher ihre eigentlichen Wurzeln im Mitgeschöpflichen erkennt. *Darum sind im Gartenlabyrinth die Pflanzen mit ihren Jahresrhythmen, Farben, Formen und Düften unendlich tröstlich und inspirierend.*

Wenn ich auf der Mitte des Weges im Zentrum angekommen bin, erkenne ich, dass ich nicht unnötig lange stehen bleiben kann, die Kehrtwende ist gegeben. Auch wenn ich mich allein fühle und nichts weiß von den »Themen des Lebens«, die sich im Labyrinth darstellen lassen, trägt mich die Ahnung, dass an dieser Kehrtwendung vor mir bereits eine »riesige Zahl« von Menschen gestanden hat. Das Zwiegespräch in mir beginnt, vielleicht so:

> *Ich bin jetzt da, in der Mitte der Welt, ich suche meine Balance, meine eigene Mitte, damit ich sie anderswo, wo immer ich bin, ebenso suche, in der Beziehung und in der Familie, im Beruf und in der Freizeit, in allen Bezogenheiten meiner Existenz.*

Irgendwann beim staunenden Nachdenken und Erkennen über diesen Ort der Kehrtwendung haben wir den Ort der *eigentlichen Mitte an einer anderen Stelle des Labyrinth-Weges gefunden, nicht im Zentrum.*

> Diese zweite Mitte ist verborgen, sie ist der *Schnittpunkt der beiden Lebensachsen* auf der Struktur des Labyrinths. Dieses Achsen-Kreuz benennen wir mit dem Wort *Lebenskreuz*. Bei jedem Durchgang gehen wir mehrmals auf diese innere Mitte zu und an ihr vorbei, ohne sie zu übergehen. *Dieses Lebenskreuz bestimmt die Form und die Weg-Grenzen des Labyrinths.*

Die beiden Lebensachsen, Lebenslinien gehören zusammen wie Tag und Nacht, Einatmen und Ausatmen, Tränen der Freude und Tränen der Trauer, Alt und Jung, weiblich und männlich, Licht und Schatten, Geborenwerden und Sterben, Sonnenaufgang und Sonnenuntergang.

In unserem Logo befindet sich diese Kreuz-Mitte im Herzen der Frau, symbolisch wie dieses immer in Bewegung, damit alles wieder seinen Anfang hat, neu erscheint und sich wandelt im je eigenen Rhythmus des Daseins, das wir Leben nennen.
Darum finde ich unbändig wichtig, dass unsere Frau im Labyrinth immer auch als Tänzerin erkennbar gemacht ist, mit dem Füßchen beim Rocksaum. Als Frau kann sie nicht allein dem mütterlichen Raum zuerkannt werden, denn:

Alles hat mit allem zu tun, so ist das Lebensgesetz auf dieser Erde – zur Lebenslinie der schöpferischen Frau gehören nebst ihrer mütterlichen Aufgabe noch andere Kostbarkeiten, analog wie das Licht und die Sehnsucht nach dem Licht …

»Warum die Tänzerin, wieso die Frau?«, hat mein Enkel gefragt, als wir seinen 16. Geburtstag im Labyrinth feierten. Ich sagte ihm nichts von der tragischen Geschichte der fehlenden weiblichen Conditio humana. Vielmehr fragte ich ihn, ob er wisse, dass bei der Geburt eines jeden Kindes auch Schmerzen oder Anstrengungen vorhanden sind. Ich erzählte ihm, wieso wir Frauen daran erinnern wollen, dass in jeder echten Freude auch ihre Vorgeschichte verborgen ist. Denkend und dankend wollen wir feiern – in kreativer Art und Weise – *damit die Fähigkeit zur echten Freude als das größte Geschenk unseres Lebens erkennbar bleibt.*

Das vorbereitete Fest im Frauengefängnis konnten wir nicht durchführen, weil sich in der Woche zuvor eine junge Frau den goldenen Schuss gegeben hatte an ihrem freien Besuchstag in der Stadt. Die jungen Mitgefangenen nahmen freiwillig an der Labyrinth-Veranstaltung teil, bekundeten aber in ihrer deutlichen Körperhaltung ein gelangweiltes Fragezeichen: Was soll's, was habe ich mit einem Labyrinth überhaupt zu tun?
Mit der Hilfe von Übersetzerinnen konnten wir in feiner Weise der toten Brasilianerin gedenken. Dann machten wir in unterschiedlichen Schritten jeweils einen gemeinsamen Gang durchs Labyrinth, gebeugt, tanzend, wütend, verängstigt, lebenstüchtig, schmalbrüstig, stolz. Zum Abschluss des Nachmittags sagte eine Frau:

»Bis heute dachte ich immer wieder ›weggehen, weggehen‹ und jetzt sage ich mir ›meinen Weg gehen, meinen Weg gehen‹.«

»Beim Labyrinth predigen die Leute sich selbst«, sagte einmal der Pfarrer, der sich immer wieder die Zeit nahm, im Labyrinth Zeughaushof zu verweilen und zu lauschen, was hier und rundherum gesprochen wird.

Agnes, du hast unser Logo mit der Frau geschaffen und ich erinnere mich an die vielen Stunden, die wir benötigt haben, um für uns und andere die darin verborgenen Lebensfragen aufzuschreiben. Die Sätze waren schlussendlich ganz einfach. In unserem gemeinsamen Text hier versuchen wir sie erneut festzuhalten, damit sie nochmals eine neue Vergegenwärtigung, eine neue Verheißung bekommen.

Ein spezielles paradiesisches Bild lässt mich das Wort »Verheißung« in diesem Zusammenhang gebrauchen: Woher kommen wir? Das ist eine Frage, die mich bereits in jungen Jahren beschäftigte, den Anstoß dazu gab mir mein erster Familienname Adam. Die jüngsten Forschungen des menschlichen Ursprungs veränderten sich alle paar Jahre. Ohne Gewähr oder genaues Bewusstsein blieben meine Vorstellungen lebendig und erst heute kann ich mein entsprechendes Interesse erklären und mich darüber erfreuen, sie erhellen *meinen Mut für eine solidarische Welt.*

Mitten im Dickicht der Unsicherheiten und Ungerechtigkeiten unserer Jetztzeit sehe ich in mir die dramatischen Bilder der Erdgeschichte in ihren Kettenreaktionen hin zur Menschwerdung. Ich sehe das bis heute weitgehend unerforschte Gebiet mitten im Urwald-Herzen von Ostafrika. Ich sehe den Berg mit dem ganzjährigen Schnee auf dem Gipfel und unten den dichten Tropenwald, durch den sich das forschende Expeditionsteam nur mühsam durchkämpfen kann, Schritt für Schritt. Jeder Tag ist zugleich Sommer und Winter, die Strapazen wären unmenschlich, wenn die forschende Ahnung nichts wüsste von der sprunghaften Beglückung im Augenblick eines guten wissenschaftlichen Ergebnisses. Um die Wiege der Urmenschen entdecken zu können, bedurfte es anscheinend den langen Weg bis zu den Möglichkeiten unserer heutigen Zeit.

Welche Dinge können wir ergründen?
Welche bleiben trotzdem im Nichtwissen?

Das ist das Geheimnis jeder Kultur, auch die Kultur des Labyrinths entspringt dieser Tatsache. Im Laufe der Jahrtausende war das Labyrinth immer wieder ein »Fingerzeig« auf das jeweilige kulturelle Bewusstsein. Immer dann, wenn das Große nicht im Kleinen, das Kleine nicht im Großen, der Schmerz nicht in der Freude, die Freude nicht im Schmerz, im geflickten Gefäß nicht der zerbrochene Krug, im zerbrochenen Krug nicht das ganze Gefäß wahrzunehmen war, oder wenn wir heute das Kleinstmögliche bloß im wissenschaftlichen Bereich mit dem Größtmöglichen vergleichen, dann fragen wir uns ganz praktisch im Umgang mit dem Labyrinth:

Wie wäre es möglich, weiter zu sehen, als unser Wissen reicht?

In diesem einfachen Satz prüfe ich die innere Substanz meiner Lebensausrichtung: In welcher Weise ergänzen die spontanen Bilder meiner Lebensrealität diesen angefangenen Gedanken? Wie können wir die Welt weiter ergründen und deuten, wenn das Wissen unserer Wissenschaft nicht mit der Kultur des Alltags übereinstimmt, die Herausforderung der wirklichen Not in der Welt nur mit einem Achselzucken beantwortet wird, die liebende Zuversicht aller Anstrengungen nur eine nichtfachliche, private Beachtung bekommt?
Wenn der Krieg als die größte Lüge nicht entlarvt und der Friede grundsätzlich noch immer nicht als normal angesehen wird?

Die Tänzerin-Mutter im Labyrinth mit ihrem Körper als Orientierungskreuz des Herzens macht mein Bewusstsein stetig achtsamer und zugleich geöffneter in den Möglichkeiten auf ein Gleichgewicht für alle:

Schritt für Schritt & in Quantensprüngen

Manschur kam trotz seines weiten Weges ein Jahr lang zu jeder Veranstaltung. Nach und nach erfuhren wir von seiner Trauer über den Tod seiner Frau und auch, dass er in Osttimor/Indonesien in der Frauenkultur der Minankabau aufgewachsen ist. »Das sind Frauen wie ihr«, gab er uns zu verstehen, »und es tut mir gut, wenn ich ab und zu in Zürich aus dem gleichen Grund lachen kann wie damals zu Hause. Doch da könnt ihr noch etwas dazulernen«, fügte er leise hinzu. Diese Aussage war mir nicht verständlich, ich bat Manschur um eine Erklärung. »Es gibt bei uns nichts Komischeres als einen Angeber, der glaubt, er sei keiner, dann lachen unsere Frauen laut und deutlich.« Es könnte auch eine Angeberin sein.

»Was hat Zürich mit dem Symbol Labyrinth zu tun«, erkundigte sich ein Denkmalpfleger, nachdem der Kanton unser Labyrinthprojekt zur Realisierung an die Stadt Zürich überwiesen hatte. Der zweite Denkmalpfleger hatte andere Bedenken: »Das Labyrinth ist für mich ein heiliges Zeichen, ich bin verwundert, ihr Frauen wollt demonstrativ dafür den öffentlichen Raum benutzen?« Sich fragen und verwundern, was heute als »heilig« oder heilend bezeichnet wird, den vielfältigen Umgang der Symbole in den Bildern und Meldungen aus aller Welt wahrzunehmen und zu hinterfragen, die gebräuchlichen und eigenen Meinungen als Vorurteile zu deuten, die üblichen Grenzen der Werte und ihre Interpretationen zu überschreiten, das war für uns im Rahmen der Kunst und der Frauenforschung eine klare Gegebenheit. Hier konnten wir die ersten kühnen Gestaltungen und Versuche mit dem Labyrinth einüben, und wenn jemand uns staunend oder herausfordernd befragte, war die Antwort kurz und leuchtete immer wieder ein: »Wir üben für eine Fernsehsendung!«

Die Vision, mit dem Labyrinth aus dem geschützten Raum der Kunst und der Frauenforschung in die Öffentlichkeit zu gehen, ist mir bei der Ernte deines Maislabyrinths, Agnes, in der freien Kunstlandschaft im Wallis zugefallen. Die Maissamen hattest du von einer

Hopi-Frau geschenkt bekommen. Beim Abschälen der Schutzblätter beseelte uns bei jedem Maiskolben eine spannende Erwartung auf die einzelne Frucht. Die vierfarbene Ernte häufte sich an und mitten in dieser Freude erschien mir das lebendige Bild von *Labyrinthplätzen auf der ganzen Welt mit dem Geheimnis für Schönheit und Begegnungen als Samen des Friedens.*

Hier in Zürich mit dem Labyrinth-Projekt beginnen zu können, stimmte uns zuversichtlich und hoffnungsfroh. In unserer »eigenen« Stadt kannten wir das politische Machtgefüge besser als anderswo. Diese Tatsache stärkte unser Bewusstsein und machte uns mutig.

Ein besonderer Zufall half uns bei den ersten Begegnungen mit den verantwortlichen Stadträtinnen und Stadträten: Auf jedem Pult lag eine Broschüre zum Lebenszeichen Labyrinth, zusammengetragen von der Restauratorin des ältesten Hauszeichens von Zürich, 1335 erstmals erwähnt. Die bemalte Sandsteinplatte als Hauszeichen des Beginenhauses Augustinergasse 6 mit dem Labyrinth, dem Eichbaum und weiteren Symbolen war kurz zuvor vom Stadtrat als mittelalterliches Kleinod anerkannt und durch die Restauratorin neu zum Leuchten gebracht worden.

Dieses Labyrinth, als historisches Unikat gewertet, ist nicht lange »allein« geblieben. Auf der anderen Seite der Limmat nahm der Labyrinthgarten im Zeughaushof die geheimnisvollen Spuren auf in den vielfältigen Fragen zum zeitgenössischen Leben in unserer Stadt. Die beiden Zürcher Labyrinthe gaben sich unsichtbar schwesterlich die Hand, zu Recht, die Bevölkerung hat erstaunlich unmittelbar reagiert und sich angesprochen gefühlt. Die jahrtausendalte Labyrinth-Kultur hat hier wieder einen Ort gefunden.

Kultur entsteht nie an einem Nichtort – ist keine Utopie.
Kultur braucht Raum in der Öffentlichkeit.

STINKT DOCH...

Boden bereiten – arbeiten mit dem Labyrinth

Agnes Barmettler

Planung und Bau von Pflanzenlabyrinth und Steinlabyrinth

Das Pflanzen-Labyrinth im ehemaligen Kasernenareal war ursprünglich nur für ein Jahr geplant. Wir hatten die Leute eingeladen: »Nehmt ein Stücklein des teuren Zürcher Bodens ein Jahr lang in Obhut, bringt Samen oder Pflanzen mit, kultiviert und pflegt ihn.« Wir wollten kulturelle Zusammenhänge sichtbar werden lassen an so gewöhnlichen Dingen wie Wetter, Boden bereiten und Nahrung bekommen. Mit dem Garten und im Jahreszeiten-Zyklus konnten wir erleben und bewusst machen, dass jede Kultur ein kreatives Klima, einen guten Boden und Pflege braucht, wenn sie werden, wachsen, blühen und Früchte tragen soll. Sie muss sich auch immer wieder erneuern, Nahrung bekommen. Kulturen können verdorren, verwelken, verrotten, vergehen, sich umwandeln. Die subversive Kraft der Veränderung zeigt sich anschaulich im Kompost.

Bei der Arbeit im Pflanzen-Labyrinth war es für alle leicht, die kreativen Prozesse einer lebendigen Kultur zu erleben und die Brücke zum gesellschaftlichen Leben zu schlagen. Die unterschiedlichen Eigenschaften und Bedürfnisse der Pflanzen ließen sich gut mit denen von Menschen vergleichen und es bot sich an, einigen elementaren Fragen nachzugehen wie: Wem gehört das Land? Was heißt Kultur schaffen, Kultur pflegen? Woher komme ich? Wohin gehe ich? Was trage ich bei zum Gedeihen, zum Klima in dieser Stadt?
Gleichzeitig sollte mit einem bleibenden Steinlabyrinth ein öffentliches Forum entstehen, wo wir die gemachten Erfahrungen in öffentlichen Gesprächen austauschen und sie auf andere Lebensbereiche übertragen wollten.
Beide Plätze waren als Begegnungs-Orte gedacht und wurden sofort wahrgenommen. Labyrinthe sind attraktiv und geheimnisvoll. Sie machen Menschen neugierig, wecken Achtsamkeit und regen zu Fragen an. Die Leute gehen hinein, werden besinnlich, halten inne, staunen und freuen sich. Sie kommen einander entgegen. Sie begegnen sich selbst und einander hautnah. Gespräche ergeben sich ganz natürlich im Labyrinth. Mit seiner Hilfe konnten und wollten wir neue Formen von Kommunikation ausprobieren.
Vom Plan bis zur Realisierung eines Labyrinthplatzes sind viele Schritte notwendig. Vorstellungen und Wünsche müssen auf ihre Machbarkeit hin geprüft werden, ähnlich wie textile Rohfasern, die in langen Arbeitsgängen zuerst durchgehechelt werden müssen, ehe ein brauchbarer Faden gesponnen werden kann. Ein Projekt ist etwas Hingeworfenes, ein Wurf, ein Knäuel aus gesponnenen Ideen. Spinnen gehört zum Labyrinth, nach langem gemeinsamen Wenden und Drehen sind plötzlich Fadenstränge da, vielleicht noch verschlungen. Entwickeln lohnt sich, braucht Zeit, Geduld und viele Gespräche: innerhalb des Kreises der Projektverantwortlichen sowie außerhalb mit Behörden, Handwerkern, Sponsoren, Anwohnenden ...

Die Chance sehen, das Risiko eingehen

Während der vierjährigen Vorbereitung unseres Projekts Labyrinth wurde in Zürich der öffentliche Wettbewerb »Zürich morgen« ausgeschrieben. Die ausgewählten Projekte sollten 1991 realisiert werden zur Feier »700 Jahre Schweizerische Eidgenossenschaft«.

Wir sahen darin die Chance für unsere geplanten Labyrinthe. Unser Projekt bekam einen Preis und wurde 1990 zur Realisierung ausgewählt. Der Kanton Zürich sagte die Finanzierung von etwa Zweidrittel unseres Budgets zu, sofern wir den Rest als Eigenleistung selbst beschaffen würden. Wir wussten, wie schwierig so eine Geldsuche sein kann. Diesen zusätzlichen Arbeitsaufwand wollten und mussten wir uns ersparen. Wir setzten daher für unsere eigene Arbeit einen angemessenen Geldwert ein und konnten somit die verlangte Eigenleistung für die Restfinanzierung sofort ausweisen. Die Herren waren sichtlich beeindruckt. Wir durften nun mit dem Geld des Kantons rechnen und an die praktischen Vorbereitungen gehen. Nach Rücksprache mit dem Stadtrat bekamen wir schließlich auch unterstützende Hilfe für die Suche der Standorte.
Nun konnten wir uns mit den Fragen beschäftigen, die bei der Planung von Labyrinthen immer nötig sind: Wo soll unser Labyrinth-Garten entstehen? Wie groß soll er werden? Wie bekommen wir das benötigte Land? Wie bauen wir das Labyrinth? Was pflanzen wir an? Gibt es Wasser zum Gießen? Wohin kommen die Werkzeuge? Gibt es einen Platz für einen Kompost? Wie organisieren wir die Betreuung? Was kostet das Ganze? Wie wird es finanziert? ... Entsprechende Fragen gab es auch für die Planung des Steinlabyrinths. (Siehe Kap.: »Labyrinthe zeichnen und bauen«.)

Platzsuche für das Pflanzenlabyrinth

Im Stadtkern von Zürich gibt es keine große Auswahl von Grünflächen. Vor allem jene am See werden im Sommer rege benutzt von Leuten, die irgendwo auf dem Rasen ihre Freizeit verbringen. Diese Orte wollten wir dafür freilassen.
Der Platzspitz, ein schöner kleiner Park hinter dem Landesmuseum neben dem Bahnhof, wo die beiden Flüsse Limmat und Sihl zusammenfließen, wurde uns von der Stadt angeboten. Damals war dort die Drogenszene, wahrhaftig kein Ort, wo wir mit unserem Projekt anfangen konnten.
Unsere Wahl für den Standort des Labyrinth-Gartens war das ehemalige Kasernenareal, zentral gelegen und leicht zu finden, Sihl aufwärts in der Nähe des Bahnhofes, in einem

spannenden Quartier. Trotz einiger Proteste verschiedener Frauen aus unserer Projektgruppe gegen den früheren Militärort, entschlossen wir uns für eine Wiese im Zeughaushof. Es erschien uns sinnvoll, gerade so einen Ort umzuwandeln.

Das Gartenbauamt willigte ein und regte an, wir sollten unser Anliegen mit VertreterInnen des Quartiers und der angrenzenden Wohnbevölkerung besprechen und ihre Wünsche mit aufnehmen in unsere Pläne. Das war sehr hilfreich, gab gute Kontakte und schließlich auch Resultate. Die Mütter bekamen z. B. einen kleinen Spielplatz für die Kinder, eine Feuerstelle sowie die längst gewünschten Tische und Bänke.

Das ehemalige Militärgelände war damals noch nicht lange freigeworden für die Bevölkerung. Wir wussten, dass sich im näheren Umkreis das sogenannte Nachtleben abspielt mit Bars, Freiern und Prostituierten. Die Verantwortlichen des Gartenbauamts warnten uns, das sei eine rohe Gegend, hier würden Pflanzen kaum gedeihen können. Wir trauten uns zu, gerade an so einem Ort den Versuch zu wagen. Wir wollten ja mit dem Labyrinth neue Begegnungs- und Umgangsformen im öffentlichen Raum ausprobieren und dies mit den Menschen, die sich dort aufhalten. In diesem Quartier gibt es auch viele Kleinbetriebe und die Wohnbevölkerung ist ein interessantes Gemisch aus Einheimischen und Zugewanderten unterschiedlicher Herkunft.

Als wir den Platz auswählten, war die Wiese wenig einladend zum Verweilen, denn sie war trotz Hundeverbot voller Kot. Wir machten den Vorschlag, die Verbotstafel zu entfernen und stattdessen überall bei den Eingängen zum Hof spezielle Hundekot-Behältnisse samt entnehmbaren Tüten aufzustellen. Einige Hundehalter hörten neugierig zu und nickten zustimmend. Wir machten sie und andere freundlich aufmerksam, künftig selbst für eine saubere Wiese Sorge zu tragen, was nach einigem Vormachen von Jahr zu Jahr besser gelang.

Der Bau des Labyrinth-Gartens – Die Bevölkerung kultiviert ihr Land

Im März 1991 wurde auf der Zeughauswiese ein Kreis von 30 Metern Durchmesser umgepflügt. In wenigen Tagen schaufelten ein paar Frauen eine Vertiefung, dort wo die sieben

Rundgänge verlaufen sollten, und formten mit der ausgehobenen Erde von der Mitte her nach außen die Beete unseres Labyrinth-Gartens. Es ist immer spannend, wenn irgendwo ein Labyrinth entsteht. Die Anwohner und Anwohnerinnen wurden sofort neugierig und fragten, was das werden solle.

»Diese Wiese ist ein öffentliches Grundstück, also euer Land, hier dürft ihr es in eigene Obhut nehmen. Wir Frauen haben Beete für einen Gemeinschaftsgarten in der Form eines Labyrinths vorbereitet. Wenn ihr wollt, dürft ihr einen Beetabschnitt auswählen und dort ein Jahr lang den Boden anpflanzen und betreuen. Wir sind immer am späten Nachmittag anwesend, falls ihr Hilfe braucht und damit ihr Zugang zu Gartengeräten und Wasser habt.« Wir mussten unsere Einladung zum Mitpflanzen nicht oft wiederholen. Das sprach sich schnell herum, in Kürze waren über hundert Gartenanteile eingetragen auf unserem Plan.

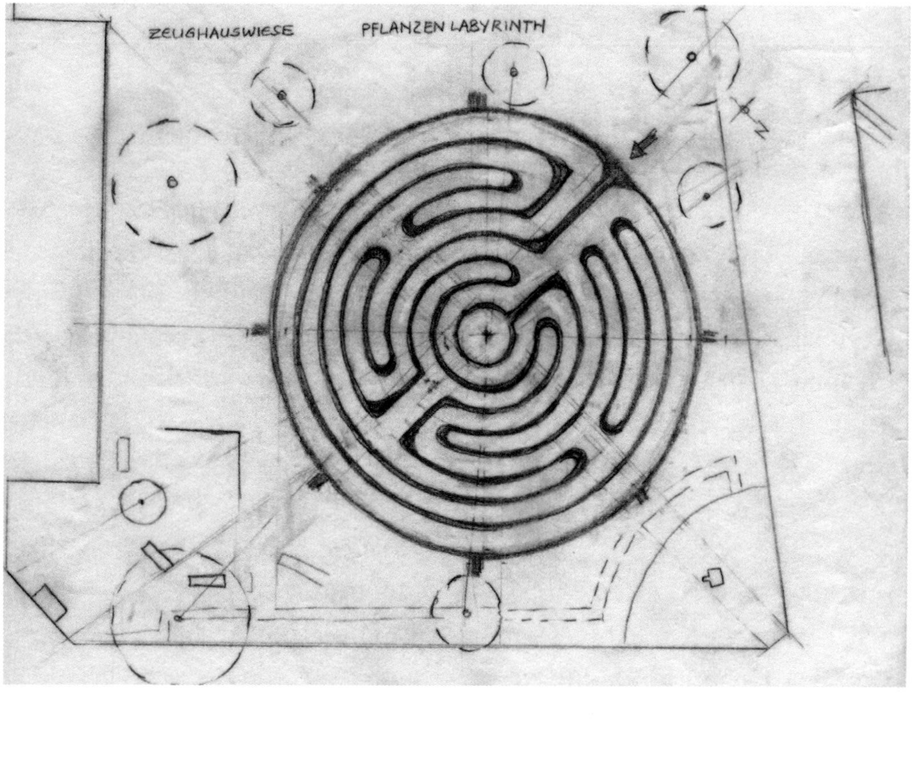

Es war Frühling, es wurde warm. Die Gartenbegeisterung erwachte. Sie war da, total und groß.

Ein Kind schleppte die Mutter an, um ihr »sein« kleines Stück Land zu zeigen. Kaum war sie mit ihren Stöckelschuhen im Labyrinth, war sie auch schon auf den Knien und pflanzte selbst. Ein Vater wollte seiner Tochter zeigen, wie die Kartoffeln aussehen. Gemeinsam vergruben sie ein paar Knollen und harrten ungeduldig, bis endlich etwas Grünes aus dem Erdreich wuchs. Schnittlauch, Petersilie, Rosmarin, Thymian und andere Gewürz- und Teekräuter fanden ihren Weg direkt vom nahen Marktplatz ins Labyrinth. Es wurde eifrig gesät, gehackt, gegossen und gefachsimpelt. Eine wahre Freude war das, wie plötzlich Primeln und Stiefmütterchen zwischen zarten Setzlingen von Kopfsalat und Kohl blühten und wie unsere Labyrinth-GärtnerInnen von der Ernte träumten und von ihren fernen Heimatländern erzählten, als wären sie dort – in Portugal, Italien, Persien, Serbien, Frankreich oder in der Türkei ... Im Labyrinth-Garten durften sie sich genauso zu Hause fühlen wie die Einheimischen aus Zürich und hier fanden sie auch leicht Kontakt zueinander.

Unser gemeinsam erschaffenes Pflanzenlabyrinth war ein Bild voller Schönheit. Aber es war auch voll von traurig machenden Überraschungen und unerwarteten Wundern. Wo gestern Blumensamen gelegt wurden, wuchs anderntags ein heimlich gepflanzter Baum in den Himmel. Die neue Garten-Oase lockte allerlei Besucherinnen und Besucher an. Nicht alle hielten sich an den vorgegebenen Weg. Es wurde über die Beete gegangen, wie manche Menschen übergangen werden. Neu gepflanzter Basilikum, Majoran oder Salbei etc. siedelten über Nacht um, vermutlich auf einen privaten Balkon. Und ehe die Tomate rot wurde, war sie schon von irgendwem gegessen. Einige Schnittblumen machten sich ebenfalls heimlich auf und davon. Dafür kamen die riesigen Stechäpfel, Canabis und andere Wunderpflanzen von selbst ins Labyrinth. Die jungen Salatblätter sahen aus wie mutwillig angeschnitten. Welche Vandalen machten so etwas? Einige wurden später auf frischer Tat ertappt, z. B. die Enten, als sie herbeiflogen und vom frischen Grün naschten. Eines Tages wurde eine Sammlung schönster Steine und Kristalle am Wegrand abgeladen. Ein andermal erstrahlte irgendwo, mitten in den Blumen, eine Skulptur aus erlesenen farbigen Glasscherben, scharf und gefährlich.

All diese Ereignisse lieferten reichlich Stoff für Gespräche.
Mit ihren Gartenanteilen schufen die kleinen und großen GärtnerInnen schon im ersten Jahr ein Abbild von sich selbst. Das Pflanzenlabyrinth mit seinen vielen BesucherInnen ist ein Spiegel der Stadt und ihrer Kultur geworden. Wir sehen sie mit allen Aspekten des Zusammenlebens gespiegelt in diesem Garten. Die Pflanzen gedeihen mehr oder weniger gut, ähnlich wie die Leute hier. Einige stehen gerne im Licht, brauchen viel Platz oder Pflege, andere wachsen lieber im Schatten, schlagen unbeachtet im Verborgenen Wurzeln oder benötigen Stützen ... Nicht alle brauchen oder bekommen gleich viel Aufmerksamkeit, alle aber möchten Zuwendung und wollen geachtet sein.

Platzsuche und Planung für das Steinlabyrinth

Unsere Vorstellungen: Ein Steinlabyrinth, ebenerdig angelegt, mit einem Durchmesser von höchstens 13 bis 14 Meter. Wir wollten bei unseren Zusammenkünften miteinander sprechen können, gut hörbar, ohne technische Verstärkung.
Wir suchten einen geeigneten Platz in der Innenstadt, akustisch geschützt vor Verkehrslärm und autofrei. Er sollte leicht zu finden sein und genügend groß, damit z. B. während einer Labyrinth-Veranstaltung auch unbeteiligte Leute sich dort ungestört aufhalten oder leicht passieren konnten.

Nach langer, sorgfältiger Suche fanden wir zwei geeignete Standorte.
Der Lindenhof, ein historischer Ort mit einer schönen Sicht auf den Fluss und auf die Altstadt, wurde von den meisten Frauen bevorzugt, aber leider von der Stadtregierung nicht bewilligt.
Auf dem Zwingliplatz neben dem Großmünster hingegen sah der Stadtrat keine Einwände für das geplante Steinlabyrinth, das als Bild in die bestehende Pflästerung integriert werden sollte.
Der Zwingliplatz grenzt an die nordöstliche Längsseite der Kirche. Dort befindet sich auch ihr Hauptportal. Wir wollten die historischen Gebäude sowie andere örtliche Gegebenhei-

ten in die Planung einbeziehen, z. B. die bisherige Gestaltung des Platzes sowie die üblichen Durchgangswege. Das städtische Bauamt gab uns die dafür nötigen Ortspläne und Auskünfte wie: Der Platz habe früher Auferstehungsplatz geheißen, er sei ein ehemaliger Bestattungsort.
Die Wahl für die Ausrichtung der Labyrinth-Achsen und für den Ein/Ausgang war an diesem Ort gegeben. Der Platz ist nämlich leicht geneigt. In so einem Fall ist beim Gehen die wiegende Pendelbewegung des klassischen Labyrinths sehr eindrücklich erfahrbar, sofern die Öffnung oben ist. Beschwingt, wie auf einer Wippe, geht es von Wendepunkt zu Wendepunkt. Der Abstieg wird zum Auftrieb fürs Emporkommen.
Die Vorbereitungen für den Bau gingen überraschend gut voran. Unsere geäußerten Vorstellungen wurden unterstützt und gutgeheißen:
Das Labyrinth sollte auf dem oberen Teil des Platzes zu liegen kommen, nicht unmittelbar vor das Tor des Großmünsters. Die alten Pflastersteine sollten sorgfältig herausgelöst und wieder als Weg eingebaut werden. Für die Zeichnung der Labyrinth-Struktur wählten wir helle, fast weiße Steine, die aus dem gleichen Steinbruch stammten, wie die dunkelgrauen, die hier bereits lagen. Als Abgrenzung zum Platz sollten einige Steinreihen aus dem bestehenden Material ringsum und parallel zur Form des Labyrinths verlegt werden, ein schöner Kontrast und ein feiner Übergang zum bestehenden Platz.
Auf dem vorgesehenen Baugelände wuchs ein noch junger Baum. Zu unserer Überraschung hieß es vom Bauamt, wir müssten diesen Baum nicht berücksichtigen beim Zeichnen des Plans, er könne ohne Probleme entfernt werden. Wir lieferten unsere Pläne ab, zeichneten aber am Fuß des Labyrinths einen Kreis als neuen Standort für einen Baum.

Die genaue Lage für das Labyrinth auf dem Platz war geklärt, die Größe und das Baumaterial gewählt. Eine Pflasterfirma machte uns einen Voranschlag für die Baukosten. Die Firma war sogar einverstanden, dass einige einsatzwillige Frauen mitarbeiten konnten.
Die Zusage der Regierung für die Finanzierung der Baukosten hatten wir auch. Also vereinbarten wir den Termin zum Baubeginn für Anfang März 1991.

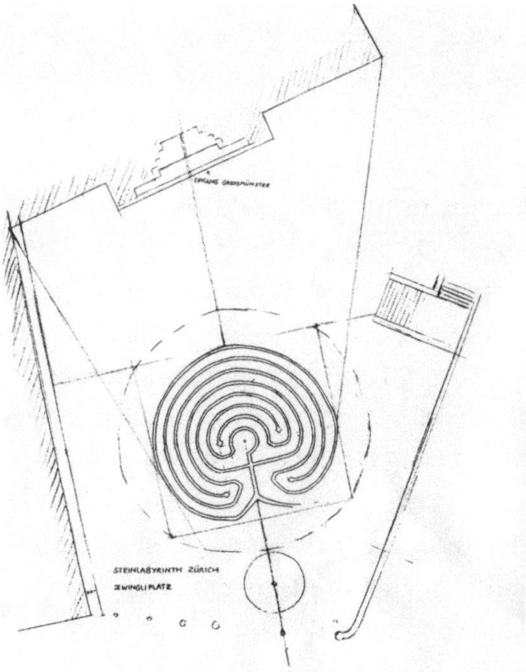

Nun wollten wir, wie beim Pflanzenlabyrinth, vor dem Bau unser Vorhaben mit den Menschen besprechen, die im Quartier leben. Voller Freude zeigten wir unsere Baupläne und erzählten von den Labyrinth-Veranstaltungen, die für diesen Ort auf dem Jahresprogramm standen.

Ihre Reaktion war unerwartet, und die Art der Kommunikation seltsam. Sie gaben beim Stadtrat eine Beschwerde ein und gelangten voller Wut an die Medien. Die Vertreter der Großmünster Kirchgemeinde, aber auch andere Bewohner und Bewohnerinnen der näheren Umgebung fühlten sich vom Stadtrat übergangen bei der Vergabe der Bewilligung für unser Steinlabyrinth. Sie waren auch nicht um ihre Meinung oder Zustimmung gefragt worden, denn der Zwingliplatz ist der Stadtverwaltung unterstellt.

Ihre Wut aber richteten sie gegen uns Frauen. In den anschließenden Gesprächen kam dann mehr oder weniger offen heraus, dass sie kein heidnisches Zeichen vor ihrer Kirche wollten und dass diese selbstbewussten Labyrinth-Weiber die alte Angst vor Hexen wachriefen.

Wie froh waren sie um das Deckmäntelchen, das ihnen die geplante Entfernung des Baums lieferte. Wir wurden in der Zeitung zu hinterhältigen Baummörderinnen stilisiert. Es war wahrhaftig keine Freude, an den Labyrinth-Bau zu denken und sich vorzustellen, wie wir auf dem Steinlabyrinth unter den Augen dieser Menschen neue Formen des Umgangs auf einem öffentlichen Platz einüben wollten.
Inzwischen war unser Jahres-Programm bereits im Versand. Die eingeladenen Gäste aus den unterschiedlichen Kunstbereichen bereiteten ihre Beiträge für diverse Veranstaltungen vor, die auf diesem Platz stattfinden sollten. Zudem wollten wir unser beim Wettbewerb formuliertes Vorhaben einlösen, ein bleibendes Steinlabyrinth als Ort der Besinnung und der Begegnung, ein öffentliches Forum für Gespräche konnten wir uns nicht gegen, sondern nur mit der Bevölkerung vorstellen.
Also einigten wir uns schließlich mit den Anwohnenden und der Stadtverwaltung auf ein sogenanntes Provisorium. Wir legten das Steinlabyrinth in der geplanten Form aufs Eis. Stattdessen malten wir bei den Türmen auf dem nahen Münsterplatz ein Labyrinth auf die Pflastersteine. Im Herbst wollten wir unsere Erfahrungen und Wünsche gegenseitig austauschen und erst dann eine Entscheidung treffen, ob das Steinlabyrinth an diesem Ort oder allenfalls auch anderswo in der Stadt eine definitive Bleibe bekommen würde.

An der Entstehungsgeschichte der beiden Labyrinthplätze lernten wir, was ein Mangel an Kommunikation und was ein echter Austausch bewirken kann. Im Rückblick gesehen: ein wahrhaft labyrinthischer Anfang!

Im Herbst 1991, nach dem ersten Labyrinthjahr, kamen wir zusammen und wollten an beiden Standorten von den Beteiligten wissen, wie es weitergehen könnte.
Die anwesenden Leute vom Quartier, wo das Pflanzenlabyrinth ist, wollten diesen Garten nicht mehr missen. Sie wünschten, dass dieses Labyrinth bleibt.
Die anwesenden Leute der Kirchgemeinde Großmünster sprachen auch für die Menschen des Quartiers. Sie wünschten, dass wir irgendwo ein Steinlabyrinth bauen könnten, nur nicht auf dem Zwingliplatz. Nach den Erfahrungen unserer letzten Veranstaltung dort

wussten wir das bereits. – Das war eine wahrhaft dramatische Performance, wobei die Anwohner und Anwohnerinnen Wesentliches beitrugen. Davon wird später im Buch berichtet (siehe Kap.: »Vademecum von Z bis Labyrinth – bis A«, unter Buchstabe S), weil darin so viel Komik liegt.

Wir nahmen die Wünsche auf und wollten einen neuen Standort für ein bleibendes Steinlabyrinth suchen. Auch die anwesenden Vertreter der zuständigen städtischen Ämter hörten gut zu. Ihre Antworten: Der Labyrinthgarten habe eine unerwartet gute Resonanz gefunden, sie würden eine Fortsetzung begrüßen und auch weiterhin ihre Dienste und ihre Zusammenarbeit anbieten. Das Steinlabyrinth könne nach erfolgreicher Standortsuche und entsprechender Neuplanung gebaut werden.

Das Labyrinth war also für »Zürich morgen« eine Option.

Im Verlauf des Winters entschieden wir uns im gegenseitigen Einvernehmen, die beiden Labyrinthe im Zeughaushof anzusiedeln. Wir wollten unsere Präsenz auf diesen Ort konzentrieren und unsere regelmäßigen Treffen dort veranstalten, zusammen mit unseren Gärtnerinnen und Gärtnern und allen, die daran teilnehmen wollten.

Wir malten vorerst das Labyrinth auf den Asphalt im Hof und feierten ab 1992 unsere Labyrinthfeste dort.

Später integrierten wir das Steinlabyrinth ins Pflanzenlabyrinth. Die Bewilligung und finanzielle Unterstützung für den Umbau wurde von den zuständigen Behörden erteilt.

Wir änderten die bisherigen Wegführung des Pflanzenlabyrinths, schaufelten die Erde der inneren Beete um, versetzten die Pflanzen und legten den neuen Weg etwas tiefer an sowie den in der Mitte entstandenen Platz. Für die Kofferung schoben wir Frauen zusammen mit freiwilligen und bezahlten männlichen Helfern in vielen Stunden schwerer körperlicher Arbeit tonnenweise Kies. So entstand unser umgestaltetes Labyrinth mit vier Umgängen durch den Garten und einem freigewordenen Platz in der Mitte. Dort legten wir unser 7-gängiges Steinlabyrinth mit der Frau an und bauten zusätzlich einen etwas breiteren Weg als direkten Zugang zu diesem Labyrinth, das seither auch mit einem Kinderwagen oder Rollstuhl erreicht werden kann. Dreizehn neue Steinbänke, durch zahlreiche Spenden finanziert, laden inzwischen alle zum Verweilen ein.

13-mal danken und denken an:

1. alle Kinder, Töchter und Söhne
2. alle Liebenden
3. alle Mütter
4. alle Väter
5. alle Großmütter und Großväter
6. alle Lernenden und Lehrenden
7. alle Kreativen in Kunst, Forschung, Politik, Wirtschaft, Gastfreundschaft, Unterhaltung, Medien ...
8. alle HüterInnen von Labyrinth-Plätzen weltweit
9. alle Kranken, Hilfsbedürftigen und Trauernden
10. jede Arbeit für Nahrung, Kleidung, Unterkunft, Energie und Verkehr
11. jede Arbeit für Gerechtigkeit und friedliches Zusammenleben
12. jede Arbeit für Kranke und Menschen in Not
13. jede Arbeit für das langfristige Wohl aller Lebewesen auf dieser Erde

Kultivieren – eine Stadt ist im Bild

Ursula Knecht

Der Labyrinthplatz als öffentlicher Ort unter freiem Himmel, mitten in der Stadt, bildet immer wieder verschiedene Facetten des Stadtlebens ab. 1994 haben wir zum Jahresthema STADTSPIEGEL thematische Veranstaltungen angeboten und Fragen gestellt:

Ein Stadtbild entsteht: Das eigene Gärtchen – der gemeinsame Garten – Wer sind die Nachbarn?
Das Stadtbild wird farbig: Was ist eine Mischkultur?
Das Stadtbild formt sich nicht von selbst: Der lange Weg – Wer und was wird übergangen?
Das Stadtbild unter freiem Himmel: Welches Klima schaffen wir in dieser Stadt?
Eine Stadt feiert das Leben: Besonders eingeladen sind alle neugeborenen Kinder.
Eine Stadt erkennt ihre Talente: Hanna und Hans im Glück – Wie viel bist du wert?
Das Spiegelbild einer Stadt: Welche Bilder lassen wir los? Welche Bilder bewahren wir auf?

Beziehungen kultivieren

Das Labyrinth ist für uns ein »Stadtbild«, weil es als »begehbares Bild« eine Struktur anbietet, die Zusammenhänge und Beziehungen sichtbar und erlebbar macht. Eine Stadt ist immer auch ein Beziehungsgeschehen und ein Beziehungsgefüge auf vielen und unterschiedlichen Ebenen: Beziehungen zwischen Menschen unterschiedlicher Herkunft, Alter und Bildungshintergrund; Beziehungen zwischen Mensch und Natur, zwischen bebauten und unbebauten Flächen; ökonomische Beziehungen, Arbeitsbeziehungen, Freizeitbeziehungen; Beziehungen zwischen Vergangenheit und Zukunft.
Beziehungen aber müssen kultiviert werden, damit sie gelingen. Es braucht Räume, die auf eine Weise gestaltet sind, dass die Menschen nicht übereinander herfallen oder sich für immer aus den Augen verlieren. Eine Balance zwischen Nähe und Distanz muss sich immer wieder einpendeln können. Richard Sennett meint, dass »die produktive Erfahrung von Komplexität in einer Stadt nicht von selbst zustande kommt, dass sie vielmehr als eine sich entfaltende Erfahrung organisiert werden muss« (Sennett 1994, S. 271). An anderer Stelle spricht er vom »narrativen Raum« Stadt und der »Szenerie der gegenseitigen Wahrnehmung« (ebd., S. 312).

Alle diese Erfahrungen vermitteln sich auf dem Labyrinthplatz. Das gegenseitige Wahrnehmen umfasst die Menschen, die das Labyrinth besuchen, sich für längere oder kürzere Zeit hier aufhalten, lesen, sich mit Freundinnen und Freunden treffen, die Pflanzen betrachten, meditieren, musizieren, picknicken, eine Veranstaltung besuchen. Sie umfasst aber auch alles, was sich ums Labyrinth herum ereignet: die Gruppe von sogenannten »Randständigen« (Drogenabhängige, Alkoholiker, psychisch Kranke, Sans Papiers), die sich die Wiese neben dem Labyrinth zu ihrem Außenwohnraum erkoren hat, die Polizisten und Polizistinnen auf ihrem Kontrollgang, die HundehalterInnen auf ihrem Spaziergang, die Gärtner, welche die Sträucher und Hecken pflegen, die Männer von der Stadtreinigung bei ihrer täglichen Arbeit und vieles mehr. Auf manche LabyrinthbesucherInnen wirkt die Randständigen-Szene irritierend, oft abstoßend und sie fragen uns, weshalb die Stadt uns nicht einen ruhigeren, idyllischen Ort zur Verfügung gestellt habe. Im Gespräch mit uns lernen sie, diese Gruppe als Teil der urbanen Realität wahrzunehmen.

Der Philosoph Peter Sloterdijk spricht von einer »kompositionspolitischen Herausforderung« unserer Zeit, einer Zeit, in der alles auseinanderdriftet, unübersichtlich und beliebig wird (Sloterdijk 1987, S. 14). Am Horizont taucht die Erlösungsfigur »Globalisierung« auf, das Zauberwort, das Zusammenhang stiften soll. Allerdings stiftet Globalisierung, so wie sie praktiziert wird: als Zusammenschluss, Konzentration und Fusion von Weltkonzernen, gerade nicht den menschlichen Zusammenhalt. Das Labyrinth, fast überall auf der Welt vertreten und neu am Entstehen, könnte vielleicht als »Welt-Bild« eine Hilfe sein, Welt als Heimat zu denken und zu erfahren. Als »Komposition«, als »Raum-Installation« hat es die Kraft, Menschen zu versammeln ohne Zwang auszuüben.

Ein narrativer Raum

Der Labyrinthplatz ist nicht nur im übertragenen Sinn, sondern ganz real und konkret ein »narrativer Raum«. Hunderte, ja Tausende von Labyrinthgeschichten könnten wir erzählen. Ein paar sollen Eingang in dieses Buch finden.

Das griechische Paar
Dem älteren griechischen Ehepaar begegne ich oft abends im Labyrinth. Bis vor Kurzem waren sie das Hausmeisterpaar in der Post am Helvetiaplatz. Die Frau versteht nicht viel Deutsch und so übersetzt ihr Mann. Sie freuen sich besonders an den Pflanzen, die auch in ihrer Heimat gedeihen, zum Beispiel jene kleine mit den gelben Blüten, die hier fast versteckt wächst, in Griechenland aber ganze Felder bedecke. Dann erklärt er mir, welches Gebäck sie zu Hause aus den Fenchelblüten zubereiten. Zwei riesige Fenchelbüsche mit großen Dolden wuchern im Labyrinth. Schließlich getraut sich die Frau doch, das Wort zu ergreifen: »Mein Mann bindet manchmal Blumen auf hier. Darf er das? Er gerne immer Ordnung.«

Nachtrag: Das Paar treffe ich wieder im Labyrinth. Jetzt führt die Frau den Mann an der Hand. Er ist plötzlich und heftig an Alzheimer erkrankt. Er riecht an den Blüten, streichelt die Stauden, lächelt versonnen und spricht nur noch griechisch auf mich ein. Er komme gerne hierher, sagt die Frau, er liebe die Pflanzen. Ihr Deutsch ist klar und verständlich. Er lässt sogar ihre Hand los und bewegt sich selbstständig entlang der Beete. Trotz seiner geistigen Verwirrung, im Labyrinth kann er sich orientieren.

Mohammed-Karikaturen

Ich muss abends noch etwas in unseren Gerätecontainer bringen. Es ist schon dunkel, von der Feuerstelle neben dem Labyrinthplatz tönt arabischer Singsang. Ich schließe den Container auf, hantiere mit der Taschenlampe herum, es gibt hier drin kein elektrisches Licht. Da ruft plötzlich jemand hinter mir »Hallo«. Ich drehe mich um. Im Türeingang steht Aydin, der Araber, der sich oft im Hof aufhält. Irene hatte ihn im letzten Sommer einmal unsanft, wie er sich beklagte, aus dem Labyrinth bugsiert, weil er bis in den Mittag auf einer Bank schlief. Im Herbst hat er uns den Zaun geflickt. Neben ihm steht sein Kollege, den ich nicht kenne. Aydin sagt zu mir: »Ah, du bist es. Das ist gut.« Er habe beobachtet, dass sich jemand an der Türe zu schaffen mache, und, weil wir sonst um diese Zeit nicht hier seien, beschlossen nachzusehen, ob jemand einbrechen wolle. Ich bedanke mich für seine Aufmerksamkeit und frage, ob sie hier das Freitagsgebet abhielten. »Nein, nein«, sagt er, ein paar Kollegen würden hier gemeinsam feiern und singen. Ich sage, dass es sich von Weitem anhöre wie ein Gebetsruf vom Muezzin. Aydins Kollege, ein Schweizer, lacht schelmisch: »Weißt du, sie singen gegen die Mohammed-Karikaturen.« Aydin schüttelt natürlich den Kopf und lacht mit.

Heimweh

An einem Abend eine dieser wundersamen Begegnungen, aus denen die Labyrinthgeschichten gestrickt sind: Eine junge dunkelhäutige Frau geht durchs Labyrinth, bückt sich immer wieder zum Lavendel nieder, saugt den Duft ein. Schließlich spricht sie mich an. Sie möchte ein Pflänzchen fürs Labyrinth bringen. Sie ist Philippinin, heißt Marisa. Sie sei oft hier, hole sich Kräuter für den Tee. Sie möchte aber nicht nur nehmen, sondern auch geben. Diesen Satz wiederholt sie ein paar

Mal. Offenbar ist sie wirklich öfter da, einige der Tamilen winken ihr von den Bänken neben dem Labyrinth. Der Platz bedeute ihr viel. Sie habe oft Heimweh, dann komme sie hierher. Jetzt kreuzt sie die Arme über der Brust und streichelt sich über die Schultern. »Hier ist es wie die Mutter«, sagt sie, »sie umarmt und tröstet mich.«

Die Beichte

Ich schneide Lavendel im Labyrinth. Eine Frau mittleren Alters, elegant gekleidet, bewegt sich bedächtig auf dem Weg durch den Garten. In der Hand hält sie einen Rosenzweig. Er sieht den Rosen, die am Labyrintheingang wachsen, verdächtig ähnlich. Ob sie das Zweiglein dort abgeknickt hat? Die Frau sieht eigentlich nicht aus, als ob sie Blumen klauen würde. Oder doch? Ich mache mich wieder an dem Lavendel zu schaffen, blicke aber hin und wieder auf und beobachte die Frau verstohlen. Hat sie? Hat sie nicht? Sie scheint mich nicht zu bemerken, ist in Gedanken versunken. Schließlich steht sie vor mir. Ich grüße und strecke ihr einen Strauß duftenden Lavendel entgegen, frage, ob sie ihn mitnehmen möge. Wir hätten viel und müssten ihn jetzt schneiden. Die Frau lächelt verlegen, dreht den Rosenzweig zwischen den Fingern und sagt: »Ich muss Ihnen etwas beichten und mich entschuldigen. Ich habe diesen Zweig hier abgeknickt. Ich weiß, dass man das nicht tun soll. Die Rosen sind aber nicht für mich. Vor Jahren war ich mit einer Freundin hier im Labyrinth. Es war ein inniges Zusammensein. Kürzlich ist ihr Mann tödlich verunfallt, noch keine 50 Jahre alt. Jetzt möchte ich ihr diesen Rosenzweig aus dem Labyrinth mitbringen.« Wir sprechen noch eine Weile miteinander, ich schneide einige Blumen, binde sie zu einem Strauß für die Freundin, gebe ihr gute Wünsche mit auf den Weg.

In den Jahren 2002 und 2003 haben wir unter dem Motto »Am Geschichtenteppich weben« mehrere Veranstaltungen durchgeführt und dabei erlebt, wie bunt und vielfältig das Muster im Laufe eines Jahres geworden ist. Den »Webrahmen« gab uns ein Text von Bettina Melzer, Autorin und Labyrinthfrau aus Dresden:

> im labyrinth / die erinnerung finden / die in die zukunft weist / wenn der weg einen bogen macht / am anfang vorbei

Narrative Räume, Orte, wo Geschichten gewoben werden, eignen sich nicht für Privatisierung und Kommerzialisierung. Sie widersetzen sich der Eventisierung und Festivalisierung. Damit setzt sich der Labyrinthplatz einem Trend entgegen, der in den letzten Jahren viele Städte heimgesucht hat. Öffentlicher Raum wird mehr und mehr für Fun und Kommerz »gebucht«, Straßenzüge und Parkanlagen an private Anbieter vermietet. Wer nicht konsumieren will oder kann, ist ausgeschlossen. StadtentwicklerInnen beklagen dies, aber in die Stadtkasse fließt durch die Vermietung Geld.

Ökonomien

Die Labyrinthgärtnerin Regula stellt der Ökonomie des aggressiven Wettbewerbs die Ökonomie der Freundlichkeit entgegen, gewachsen aus den Erfahrungen auf dem Labyrinthplatz:

Wenn ich meine Mitmenschen frage, was ihnen spontan in den Sinn kommt zum Thema »Freundlichkeit«, fällt auf, dass Freundlichkeit oft als etwas Freiwilliges, nicht sehr Durchsetzungskräftiges angesehen wird. Es ist etwas, das man vor allem von den Frauen erwartet. Es scheint etwas zwar Wichtiges zu sein, aber in der Wirtschaft völlig unbrauchbar, es sei denn, es handle sich um ein Verkaufs- oder Bewerbungsgespräch.

Bei dieser Wahrnehmung stelle ich eine Empörung in mir fest. Es stimmt für mich überhaupt nicht, dass Freundlichkeit zwar angenehm ist, aber keinen Wirtschaftsfaktor darstellt. Im Gegenteil: Wird ein Gespräch oder eine Auseinandersetzung in Freundlichkeit geführt, verliert keine der teilnehmenden Personen ihre Würde. Wird die Meinung und die Lebenshaltung der anderen Person respektiert, so ist eine Gesprächskultur geschaffen, die Handlungsspielraum generiert. Denn dann gehen wir davon aus, dass der nächste Schritt für alle ein Ja braucht. Ich bin überzeugt, dass Freundlichkeit sehr ökonomisch ist. Würden zum Beispiel Meinungsverschiedenheiten in Respekt und in Freundlichkeit für die unterschiedlichen Situationen ausgetragen, so könnten viele Anwaltskosten, Gerichtskosten und Schreibgebühren eingespart werden. Ganz abgesehen vom Energieaufwand, den emotionalen Investitionen wie Hass, Wut und Verzweiflung.

Freundlichkeit bewirkt, dass die Menschen ihre Meinungen, ihre Ideen, Wünsche und Träume ausdrücken können. Sie hilft, dass jede einzelne Person zur Geltung kommen kann in ihrer Eigenart und Schönheit. Freundlich leitet sich von Freund her. Ich signalisiere dem Gesprächspartner oder der Gesprächspartnerin, dass unsere Freundschaft nicht gefährdet ist, auch wenn ich eine Kritik ausspreche. Immer wieder erlebe ich auf dem Labyrinthplatz in Zürich, wie ein freundliches Wort, eine freundliche Geste zu mehr Frieden führt. Im Bewusstsein, dass wir alle abhängig sind voneinander, ist es mir möglich, freundlich und klar meine Ansichten kundzutun, aber auch die Sichtweise der anderen anzuschauen und offen dafür zu sein. Ich glaube, freundliche Menschen sind starke Persönlichkeiten, die es sich leisten können, dem anderen Recht zu geben und selbst auch Recht zu behalten, die es sich sogar leisten können, für ihr Nicht-in Wut-Geraten ausgelacht zu werden, die nicht darauf angewiesen sind, als stark bezeichnet zu werden. Es bedarf der Einsicht, dass die Sprache, die Ausdrucksform, der Standort verschieden sind und wir deshalb verschiedene Wahrnehmungen haben. Dazu habe ich eine Geschichte vom Labyrinthplatz:

Als ich im Garten arbeite, sehe ich plötzlich einen Mann, der den Labyrinthweg entlanggeht und mit dem Fuß Steine und Pflanzen attackiert. Ich gehe zu ihm und sage in ruhiger, freundlicher Weise, dies seien doch schöne Pflanzen, ob er sie gesehen habe? Er entgegnet aufgebracht: »Alles hier ist privat, alles ist privat!« Das wiederholt er wütend mehrere Male. Ich versichere ihm, dass dieser Garten nicht privat sei, dass alle Menschen herzlich willkommen seien und dass auch er eingeladen sei, sich an den Blumen zu erfreuen. Unsicher betrachtet er mich eine Weile. Dann nickt er und fragt: »Dann darf ich also hier sein?« Und ich antworte: »Ja, selbstverständlich!«

Wie viel hätte ich zerstören können, wenn ich ihn beschimpft oder wütend zurechtgewiesen hätte!

Solche Erfahrungen mache ich immer wieder auf diesem Platz, mitten in einem spannungsgeladenen Umfeld. Ich stelle mir vor, wie viele Probleme bereits auf dem Weg wären zu einer Lösung, wenn sich die zuständigen Gremien freundlich zusammensetzten. In einer ersten Anhörungsrunde würde jede Person bewusst als wichtige Repräsentantin eines Teilaspektes gewürdigt und freundlich angehört. Das Bewusstsein, dass nicht eine fix und fertige Lösung die wahre, einzig richtige ist, führt zu einer schnelleren Entscheidung. Das ist bereits der erste Schritt auf dem gemeinsamen Weg.

Dies ist für mich ein labyrinthischer Ansatz: Wir gehen den Weg nicht in einer geraden Linie bis zum Ziel mit möglichst wenig Schritten. Nein! Wir entscheiden uns Schritt für Schritt und akzeptieren die Schlaufen und Windungen. Wir können natürlich auch mit Wut hindurchstampfen, was bisweilen als die scheinbar erfolgreichste Möglichkeit erscheint. Aber mir soll niemand glauben machen, dass dies der ökonomischste Weg ist. Es braucht viel weniger Energie und ist lustvoller, mit freundlichem, fröhlichem Blick beschwingt auf dem Weg zu schreiten in Erwartung verschiedener, vielfältiger Begegnungen.

In den Pflanzen kann ich ein Vorbild sehen: Sie stehen da, wippen im Wind mit ihren freundlichen Blütenköpfen. Sie lassen sich auf eine Beziehung zu den Menschen ein und wären auch dann noch duftend und schön, selbst wenn jemand sie anschreien würde. Sie vertrauen auf ihre Position, die sie wiegend im Winde einnehmen, und bleiben bei sich selbst. Eine Feststellung, die ich immer wieder mache, ist: Im Labyrinthgarten ist Selbstverantwortung wichtig. Das gilt für jede Person. Für mich bedeutet es zum Beispiel:

Wenn ich im Garten arbeite und irgend eine Spannung in der Luft liegt, entscheide ich mich bewusst für eine mir mögliche Aktion: Ich beginne zu singen oder ich trete in Kontakt mit einem Menschen; ich jäte ruhig weiter; ich gehe weg, bevor mich etwas aufregt; ich tanze; ich rede ernst und bestimmt mit der betreffenden Person; ich pflücke einen Strauß Blumen und verschenke ihn, je nach dem …

Wesentlich ist, dass ich in Wachsamkeit und Sorgfalt mit mir und meiner Umgebung umgehe. Die Erfahrung hat mir gezeigt, dass die Freundlichkeit fast immer die sympathischste Form ist. Ich habe das Gefühl, so würden am Schluss alle gewinnen! Und was können wir mehr wollen, als dass alle nach einem Gespräch, nach einer Auseinandersetzung spüren, sie haben Recht bekommen. Sie sind in irgendeinem Aspekt ihrer Befindlichkeit gestärkt worden und ihre Bedürfnisse sind anerkannt worden.

Mit Absicht schreibe ich diese Zeilen in der »würde-Form«. Sie beinhaltet einen würde-vollen Umgang mit meinen Gedanken und mit denjenigen andersdenkender Menschen.

Öffentlicher Frauenplatz – Ein politisches Versprechen

Zita Küng

Nur wenige BesucherInnen verbinden den Labyrinthplatz mit Politik – eher im Gegenteil: Viele, vor allem Frauen, haben den Reflex, zu Politik auf Abstand zu gehen. Orte wie unser Labyrinthplatz, an denen sie spontan nichts an Politik erinnert, halten sie für entspannt. Sie fühlen sich da wohl.

Das wirft ein schlechtes Licht auf die Politik und hat uns angespornt, dahinter zu blicken. Einerseits, weil auch der Labyrinthplatz Zürich in einem konkreten politischen Umfeld liegt, und andererseits, weil wir eine Auffassung von »Politik« vertreten, die außerordentlich gut zum Labyrinthplatz passt. Der Labyrinthplatz ist geradezu ein idealer Ort, sich dem Politischen zuzuwenden.

Verbunden

Unser Labyrinthplatz im Zeughaushof Zürich ist nicht vom Himmel gefallen oder auf der grünen Wiese entstanden, er ist in einer bestimmen historischen Situation möglich geworden. Eine wichtige Geschichte, die sich in diesem städtischen Umfeld in den 1980er- und 1990er-Jahren abspielte – und ohne die unser Labyrinthplatz nicht oder anders geworden wäre – erzählt uns hier Myriam:

1989 wurde im Kreis 4, dem Arbeiterquartier Zürichs, in zentraler Lage der wirtschaftlichen Hauptstadt der Schweiz aus dem Schulhaus »Kanzlei« ein Kulturhaus. Eingerichtet mit einem Café, linkem Archiv und vielerlei Beratungsstellen belebte die linksengagierte Bevölkerung das Zentrum der Stadt mit öffentlichen Volksküchen, Discos, Preisjassen (ein schweizerisches Kartenspiel wie Skat oder Doppelkopf) und politischen Minderheiten, die sich Gehör zu schaffen versuchten, und das subito.

Dazu gehörte auch die Frauenetage, die unter den Volksgenossen zwar erkämpft, aber mehrheitlich doch gut unterstützt, frauenfreundliche Aktivitäten durchsetzen konnte. Weiterbildung, öffentlichen Raum betreten ohne die gewohnte »Anmache«, Beratung von Frauen, Kunst und soziale Forderungen an die Stadt – das waren Hauptthemen. Ich gehörte als einzige Heterofrau und Mutter eines Kleinkindes einem Team von drei lesbischen Paaren an, die den Betrieb mit viel Freiwilligenarbeit, einer Handvoll Minilöhnen und natürlich in dieser lebendigen Zeit auch mal mit Ach und Krach ausfüllten.

Und einem befreienden und befreiten Gelächter, das ich in dieser entspannten Qualität seither nie mehr gehört habe.

Die damals regierende Stadträtin Ursula Koch im Baudepartement hatte schon bald einen fundierten Geschäftsbericht auf dem Tisch und die Forderung, das Zeughaus 5 zur Verfügung zu stellen für Frauenateliers anstelle der Nutzung durch die Kantonspolizei, die einen Teil der ehemaligen Kaserne für sich beanspruchen konnte. Da dieser gesamte Raum mit einem hohen Quadratmeterpreis heftig umstritten war, gingen die Frauen kreativ auf die Straße, organisierten Workshops und Kunsthappenings in den Räumen des Zeughauses und legten mit gut durchdach-

ten Plänen an die Stadträtin nach: Frauen = 50 Prozent der Bevölkerung, da sollte wohl ein zentraler Raum für Entwicklungen drin sein – so dachten wir jedenfalls und hielten unsere Forderungen für selbstverständlich.

Allerdings blieben die Pläne bei der Stadträtin in den Schubladen, auch wenn gleichzeitig der öffentliche Raum Zürichs mit baulichen Maßnahmen, wie weniger Unterführungen, bessere Beleuchtung, Nachttaxis etc., besser auf Frauenbedürfnisse eingerichtet wurde. Die Frauenetage gab nicht nach: Die Frauen organisierten Solidaritätsaktionen gemeinsam mit GewerkschafterInnen, Volksuniversität, Migrationsfrauen und wurden teilweise auch von Parteien vereinnahmt oder unterstützt, je aus autonomer oder institutionsgläubiger Sichtweise betrachtet. Bei großen Anlässen unterstützten Tausende Frauen auch aus der Agglomeration, also aus den angrenzenden Gemeinden, diese Forderung und viele hatten konkrete Projekte, einzeln oder in Gruppen, die später an anderen Orten zum Teil auch verwirklicht wurden.

Vonseiten der SVP (Schweizerische Volkspartei) allerdings gab es heftigen Widerstand gegen das Kulturhaus Kanzleischulhaus. Dieser Teil der Bevölkerung, stark vertreten durch das Kleingewerbe im Quartier, wollte wieder ein ganz normales Schulhaus, basta.

Im breit abgestützten Abstimmungskampf trat u. a. das Opernhaus Zürich in einer Solidaritätsaktion in der Turnhalle Kanzlei auf. In der Frauenetage kamen viele Künstlerinnen, u. a. Gitti Thadani aus Indien, zu Wort und Aktion. Es gab wenig Gewalt, dafür viele Farben, Töne und Bewegung.

Aber es nutzte alles nichts: Mit einem Resultat von 53 Prozent Gegenstimmen wurde der städtische Betriebs-Kredit abgelehnt. Wir feierten das Ende mit einem großen friedlichen Neujahrsfeuer auf dem Platz. Das Kanzlei ist bis heute ein Schulhaus, allerdings eines, wo an den Samstagen ein Flohmarkt abgehalten wird und die BoulespielerInnen die Abende beleben.

Die Streitereien um die Nutzung des benachbarten Kasernenareals gingen weiter: Die Polizei, das Architekturforum, die Archäologen und hundert weitere Grüppchen sowie der Stadt- und Kantonsrat, alle vertraten Interessen, die für die gesamte Bevölkerung mehr oder weniger zentral waren.

Auf dem Hintergrund der Kanzleigeschichte hatten manche politisch Engagierte, die damals aus FraP! (Frauen macht Politik!), den Grünen und der SP (Sozialdemokratische Partei) kamen, immer noch die Idee – zumindest im Hinterkopf –, dass den Frauen ein Teil des Raumes zugestanden werden könnte.

Und siehe da, als die Labyrinthfrauen ihr Gartenprojekt vorstellten, dachte wohl der eine oder die andere, dass dieser »Raum« ja auch schnell wieder umgepflügt werden könnte ... es gab jedenfalls weniger böse Kommentare vonseiten der politischen Rechten.

In den nächsten Jahren zogen im Zeughaus 5 allerhand Gruppen ein: dazu gehörten auch gemischte Kunst- und Kulturgruppen. Die Frauen erhielten nirgends einen Kulturraum in der Stadt Zürich. Die Vereinzelung der Frauenprojekte in der Stadt hatte viele negative Folgen für die gesamte Bewegung. Sie förderte die Konkurrenz untereinander um die mehr und mehr verschwindenden Unterstützungsgelder der Stadt.

Das Gartenlabyrinth hingegen fing an zu blühen, die Frauen brachten eine unglaubliche Pflanzenvielfalt mit. Es ließ jeweils im Herbst, wie Gärten das zu tun pflegen, die Blätter fallen und im Winter deckte der Schnee alles zu. Und im Frühling fing das Ganze wieder von vorne an. Die Frauen haben sich mit dem sozial sehr angespannten Quartier in eine tragende Beziehung gesetzt, und wer weiß, was die Behörden alles denken in den ruhigeren Zeiten ...

Manchmal denke ich träumerisch über diese Zeiten nach und letzthin, als ich über den Pausenplatz des Kanzlei gelaufen bin, hat mich eine junge Frau total ausgequetscht über Labyrinth, Frauenarchiv, Kanzlei und wie wir denn das alles gemacht hätten. Wie wir denn die Behörden angesprochen hätten und ob denn eine eigene Kulturwerkstatt »nur« für Frauen notwendig sei und weshalb? Mit einem Schmunzeln sage ich ja und lasse die Begründung weg.

Das politische Versprechen

Traditionellerweise verbinden wir Politik oft mit Debatten und Beschlüssen, die von unserer Regierung und unserem Parlament stammen. Im Vorfeld können wir Debatten verfolgen, wo Argumente und Positionen ausgetauscht werden. Als schweizerische Spezialität bekommen die Schweizerinnen und Schweizer zusätzlich zu den Parlamentswahlen auch die Gelegenheit, über viele inhaltliche Fragen an der Urne abzustimmen. Dazu werden viele Abstimmungskämpfe geführt, werden Plakate aufgehängt, wird um Stimmen geworben.

Diese Beteiligungsmöglichkeiten bringen aber vor allem in städtischen Umgebungen nicht sehr viele Leute dazu, sich aktiv mit ihrem Umfeld auseinanderzusetzen. Und die zunehmend ritualisierte Form der politischen »Schaukämpfe« stumpft immer mehr ab.
Die Qualitäten, die wir auf dem Labyrinthplatz aufbauen, anbieten und auch zurückverlangen, haben es auch politisch in sich: Der Umgang der Personen miteinander, die Behandlung der Natur, die Art und Weise, wie Pläne entwickelt und umgesetzt werden – all dies hat eine Bedeutung, die über den Labyrinthplatz hinausweist. Es ist politisch.

Hannah Arendt hat uns inspiriert: »der Respekt ist wie die Aristotelische ›philia politike‹ eine Art ›politische Freundschaft‹, die der Nähe und der Intimität nicht bedarf; er (der Respekt) drückt die Achtung vor der Person aus, die aber in diesem Fall aus der Entfernung gesehen ist, welche der weltliche Raum zwischen uns legt, wobei diese Achtung ganz unabhängig ist von den Eigenschaften der Person.« (Hannah Arendt, 1981, S. 301 ff.)
Diesen Respekt im öffentlichen Raum als politische Freundschaft zu deuten, leuchtet uns für den Labyrinthplatz unmittelbar ein. Als Bezeichnung für die Art der Beziehung zwischen Stadtbewohnern und -bewohnerinnen ist der Begriff »politische Freundschaft« wegweisend. Auf dem Labyrinthplatz drücken die aktiven Betreiberinnen ein Versprechen aus: Es wird hier gut mit euch umgegangen, mit euch Pflanzen und mit euch Menschen. Hier seid ihr willkommen und geschützt, wer ihr auch seid, woher ihr auch kommt. Geschützt wovor? Geschützt vor Beliebigkeit und Bedeutungslosigkeit.
Weil es kein privates, sondern ein öffentliches Versprechen ist, nennen wir es politisch. Hannah Arendt beschreibt Versprechen und Verzeihen als die einzigen moralischen Kategorien, auf die wir uns im »Feld des Politischen« stützen können. Das Versprechen nennt sie Heilmittel gegen die Unabsehbarkeit und Ungewissheit des Zukünftigen und das Verzeihen Heilmittel gegen die Unwiderruflichkeit des Vergangenen. (Hannah Arendt, ebd., S. 301 ff; vgl. auch: Knecht-Kaiser 2006, S. 355 f).

Wir Labyrinth-Frauen nehmen den Labyrinthplatz als Ausgangspunkt und als Struktur, um Fragen, die wir uns und der Welt stellen, in die Runde zu bringen. Damit schaffen wir einen Ort, wo Wichtiges gedacht wird, wo Bedeutungsvolles zur Sprache kommt. Dabei spielen die Verhältnisse eine Rolle: vom Kleinen und Großen, vom Nahen und Fernen, vom Lauten und Leisen, vom Vielen und Wenigen, vom Alten und Neuen, vom Gewohnten und Überraschenden. Immer wieder bringen wir die Kraft auf, das eine mit dem anderen in einen Bezug zu bringen, uns Wirkungen vorzustellen und darüber nachzudenken, welche Verantwortung wir übernehmen wollen und können.

Herzenswunsch 2004

Im Jahr 2004 kündigten wir im Programm einen Herzenswunsch an:

> Wir wollen die 13-jährige politische Praxis der Frauen an diesem Ort reflektieren und ihre Bedeutung benennen. Wir denken, dass dieser Platz ein Modell dafür sein kann, wie Menschen die Welt in Achtsamkeit gegenüber der Natur und in Aufmerksamkeit füreinander gemeinsam bewohnen. Frauen, Männer und Kinder bringen hier ihre Ideen zur Welt in die Welt.
> In den »Politischen Labyrinthgesprächen I-IV« werden wir dieses Thema vertiefen. Projektfrauen erzählen Geschichten vom Labyrinthplatz und gemeinsam mit allen Anwesenden erforschen wir die Bedeutung für eine Politik, die Sinn macht.

Mit einem Zitat von Hannah Arendt luden wir viermal ein: »Wer es unternimmt, zu sagen, was ist, kann nicht umhin, eine Geschichte zu erzählen, und in dieser Geschichte verlieren die Fakten ihre ursprüngliche Beliebigkeit und erlangen eine Bedeutung, die menschlich sinnvoll ist.« (Arendt 1994, S. 367)

Was ist politisch?

Beim vierten »Politischen Labyrinthgespräch« vom 9. September 2004 gaben wir uns das Thema: Was ist politisch? Wir bereiteten den Abend vor und waren glücklich, dass wir eine Frau gefunden hatten, die den Abend beobachtete und die Entwicklung für uns aufzeichnete. Da dies weit über das Erstellen eines Protokolls hinausging, nannten wir sie unsere Chronistin. Anwesend waren etwa sieben Frauen, die Organisatorinnen, die Fotografin und die Chronistin. Vielleicht denken einige, dass dies eine kleine Veranstaltung war. Und mit »klein« verbinden sie »bedeutungslos«. Auch wir Labyrinthfrauen tappen manchmal in diese Falle. Wir rappeln uns aber immer wieder hoch. Wer sagt denn, dass »mehr« immer »besser« ist? Mit dieser Frage sind wir bereits in einem politischen Diskurs!

Aus den Aufzeichnungen der Chronistin:

Das Thema des vierten und letzten »Politischen Labyrinthgesprächs« dieses Jahres scheint nicht ganz unproblematisch zu sein, denn – wie Ursula gleich zu Beginn des Abends erklärt – viele Leute sähen das Labyrinth vor allem als Ort zum Entspannen, Auftanken und Meditieren. Aber auch noch Politik im Labyrinth? – Lieber nicht! Umso bestimmter die Gegenreaktion der Labyrinthfrauen auf dieses Thema: Was ist politisch? Vielleicht kann die Abneigung gegen das Politische geklärt und überwunden werden, wenn jede für sich definiert, was sie darunter überhaupt versteht und welche Wünsche aber auch Enttäuschungen damit einhergehen.

Als eine Art Ursuppe oder politische Urmasse bezeichnet Ursula den Lehm, den sie den Teilnehmerinnen nach der Begrüßung in die Hand gibt. Auf dem Weg ins Labyrinth soll jede Frau aus ihrem Lehmklumpen herauskneten, was für sie politisch ist. Die Arbeit mit den Händen, der Gestaltungsprozess am Lehm soll helfen, den eigenen Gedanken besser auf die Spur zu kommen und ihnen eine Form geben zu können. Im Labyrinth sollen die verschiedenen Figuren und ihre Bedeutungen für die einzelnen Frauen dann besprochen werden.
Alle treten den Weg ins Labyrinth an, den Weg der Frage nach dem Politischen. Als Chronistin habe ich keinen Klumpen Lehm in den Händen, sondern Papier und Stift. Und während sich die anderen Frauen auf ihre Lehmformen konzentrieren, habe ich Zeit und Muße, die Abendstimmung und das herbstliche Labyrinth auf mich wirken zu lassen. Es ist ein schöner Spätsommerabend. Noch erwärmt eine warme Abendsonne den Platz, aber bald schon wird es dunkel und

kühl sein. Nur noch wenige der Pflanzen tragen Blüten, die meisten haben auch ihr sattes Grün bereits abgelegt, sind in der heißen Sommersonne teilweise dürr geworden. Hier und da sind kleine rote Walderdbeeren oder ein paar bunte Löwenmäulchen zu sehen. Die Kaiserkrone trägt noch eine pinkfarbene Blüte. Die Malven sind bereit, ihre Samen fürs nächste Jahr auszustreuen. Das einst leuchtende Gelb der Nachtkerzen gehört dem vergangenen Sommer an; nun tragen sie bereits das goldene Braun des anbrechenden Herbstes. An der Außenseite des Labyrinths hängt Unterwäsche zum Trocknen. Sie gehört wohl der Gruppe von Alkoholikern, welche auch heute wieder um die benachbarten Tische sitzen. In den Torbögen hängen gebetsfahnenartige bunte Tücher. Im Zentrum des Labyrinths ist auf dem Boden ein großes Tuch ausgebreitet und mit Feigenblättern geschmückt.

Als alle Teilnehmerinnen ihren Gang durch die äußeren Kreise des Labyrinths abgeschlossen und sich in der Mitte um das Tuch versammelt haben, werden sie von Zita aufgefordert, ihre Lehmgebilde vorzustellen, sie dem öffentlichen Raum anzuvertrauen. Gleichzeitig weist Zita darauf hin, dass sie ihre Gebilde dadurch aber auch aus den Händen in eine gewisse Ungewissheit geben: »Ihr gebt sie frei, sie werden allgemein und ihr wisst nicht genau, was mit ihnen passieren wird.«

Die Frauen stellen nun reihum ihre Lehmwerke vor:

Frauenraum: Sandra von Radio LoRa beginnt. Sie hat zwei Frauen geformt, die sich gegenübersitzen und sich halten, so dass zwischen ihnen ein Frauenraum entsteht. Dass solche Frauenräume existieren, sei für sie bedeutend – und politisch, denn es sei keine selbstverständliche Sache. Umso wichtiger sei es, dass diese Räume nach außen getragen würden.

Hammer und Amboss: Die nächste Teilnehmerin hat einen Hammer und einen Amboss geformt, denn mit diesen Werkzeugen könne etwas zurechtgehämmert, Struktur geschaffen – in der Gesellschaft Struktur geschaffen werden.

Wolke: Zita hat eine Wolke geknetet. Wir könnten nie genau wissen, was eine Wolke bringe, es könne sowohl Regen als auch Sonne sein. Eine Wolke sei eine Zusammenrottung, und das sei für sie auch das Politische. Menschen können eine Wolke bilden, sich zusammentun. Die Ränder blieben dabei zwar unscharf, nicht fix, aber im Moment der Zusammenrottung würden sie gemeinsam eine Wolke bilden.

Herz auf Beinen: Rosmarie erklärt, politisch heiße für sie öffentlich, und öffentlich bedeute Welt. Und Welt sei alles das, was die Menschen in die Hände nähmen. Sie wünsche sich, dass die Welt sie bis zum Schluss etwas angehe, und sie sei froh, dass sie für sich persönlich im Labyrinth einen Platz der Orientierung gefunden habe. Ihr Bild für das Politische ist ein bewegtes Herz – ein Herz auf Beinen.

Formloser »Knorz«: Die nächste Frau in der Runde erzählt, dass sie auf dem Weg ins Labyrinth plötzlich bemerkt habe, dass sie nur mit der rechten Hand knetete. Dann sei auch noch etwas an der Form auseinandergebrochen. Es sei etwas Verknorztes, etwas Verstocktes geworden, etwas ohne Form. Das sei für sie das Bild ihres Gedankens, dass Politik nichts Neues bringe. Es sei das Abbild einer gewissen Enttäuschung.

Erde im Schutzmantel: Eine andere Teilnehmerin hat eine Kombination aus Erde, Johanniskraut (für traurige Zeiten) und einem weichen, faserigen Frauenmantel als Schutz geschaffen. Sie erklärt, dass sie aus einer Zeit komme, wo das Private nicht privat, sondern politisch gewesen sei. Ihr Gebilde sei für sie ein Bild für die Frauen der Welt, die einen »ungeheuren« Traum hätten. (Die Chronistin überlegt sich, ob sie wohl ungeheuer im Sinne von groß oder im Sinne von mutig und unkonventionell meint – beides trifft wohl zu).

Zusammentragung mit komischen und hoffnungsvollen Auswüchsen: »Beim politischen Handeln muss man sich die Hände schmutzig machen«, sagt Magdalena provokativ. Sie hätte es an ihrem Lehmklumpen gespürt: Es sei eine anstrengende Arbeit, das sei sicher. Aber je mehr sie gearbeitet hätte, desto stärker habe sie gespürt, dass sie nicht wisse, was politisch sei. Und gleichzeitig zeige ihr Gebilde doch etwas: Es werde etwas zusammengetragen, es habe komische Auswüchse und oben zeige es die Hoffnung, dass etwas herauswachsen werde.

Je nach Standpunkt ein Tulpe: Agnes' Lehmklumpen könnte ihrer eigenen Meinung nach eine Tulpe darstellen. Viel wichtiger ist ihr aber, dass eine Sache, von verschiedenen Seiten betrachtet, unterschiedlich sein kann. Zwei Seiten könnten etwas Richtiges sehen, meint sie, zum Konflikt komme es erst, wenn eine Seite behaupte, das Richtige zu sehen. »Politisch sein heißt, Standpunkte einzunehmen und mit der Öffentlichkeit in Reibung zu bringen. Dann ist es eine politische Aktion.«

Schale mit Tonkügelchen: Die Schale mit den Tonkügelchen stellen für Cornelia die Welt und ihre Bewohner und Bewohnerinnen dar. »Die politische Aktion«, sagt sie, »ist der Dialog zwischen den verschiedenen Interessen, zwischen den verschiedenen Kulturen.«

Fünf Kontinente: Eine Teilnehmerin, welche die fünf Kontinente aus dem Lehm geknetet hat, verweist auf »das Zusammen« als größte Priorität. Ein Überleben gebe es nur, wenn wir zusammen Verantwortung übernähmen. Die Verantwortung liege bei allen.

Welt: Auch Ursula hat das Weltrund geformt. Für sie liegt das Politische ebenfalls in der Beziehung zur Welt. Manchmal gelinge es einem besser, etwas mitzugestalten, manchmal gelinge es schlechter. Jedoch versuche sie, soweit es in ihrer Möglichkeit stehe, selbst zu gestalten: »Der Labyrinthplatz ist für mich ein Ort, wo Politik passiert, ein Ort, wo ich ein bisschen Welt mitgestalten kann.«

A: Eine der Teilnehmerinnen hat den Buchstaben A geknetet. Die Wahl dieser Figur stehe im Zusammenhang mit einem Besuch bei ihrer Enkelin, die den hölzernen Anfangsbuchstaben ihres Namens geschenkt bekommen habe. Ihr sei der Gedanke gekommen, immer bei Adam und Eva zu beginnen. Dass würde in Bezug auf die Politik beispielsweise die Mutterschaftsversicherung bedeuten. Agnes bekräftigt: »Der Lebensanfang ist sehr politisch!«

Beziehung Mensch-Erde, Mensch-Natur: Regula arrangiert zwei Stücke Ton. Es seien verschiedene Stücke, die irgendwie in Beziehung stünden: nebeneinander, aneinander gelehnt. Und als die zwei

Lehmstücke auf dem Tuch auseinanderpurzeln, fügt sie hinzu: Vielleicht würden sie zwischendurch auch voneinander hinunterfallen, sich voneinander entfernen. Politik sei für sie die Beziehungen zwischen Mensch, Erde und Natur.

Als die Runde abgeschlossen ist, meint Magdalena, dass ihr immer stärker bewusst werde, was das Politische sein könnte, nämlich verschiedene Meinungen nebeneinander stehen zu lassen. Sie betont, dass jede der Teilnehmerinnen etwas geschaffen habe, gehandelt habe. Sie alle hätten ihrer Gestaltungskraft Raum gegeben und sie in Worte gefasst. Das sei mutig und solle von ihnen gewürdigt werden. Würdigen sei ein wichtiges Wort, betont Magdalena und fügt hinzu: »Ich bin stolz auf meine schmutzigen Fingernägel. An der Welt müssen wir manchmal kratzen und das kann auch schmerzen.« Sie verweist auf russische Tänzerinnen, die ihre schmutzigen Hände hinter dem Rücken verstecken, dabei sei ihre Meinung, dass sie sie auch zeigen könnten, denn die schmutzigen Hände würden etwas aussagen.

Regula erklärt das weitere Vorgehen. Nachdem nun alle ihre Visionen des Politischen geformt haben, sollen die Frauen nun jeweils eines der bestehenden Lehmgebilde nehmen und nach ihrem Gutdünken umformen, weiterformen, transformieren. Dabei sollen die Geschichten, durch welche der Lehm zu seinen Formen gekommen ist, aber respektiert werden. An dieser Stelle fügt Ursula an, dass also an jeder politischen Vision etwas verändert würde und daher nun die letzte Gelegenheit sei, zu intervenieren und das eigene Gebilde aus dem politisch-öffentlichen Raum zurückzuziehen, wenn eine das nicht wolle. Denn es sei ungewiss, was nun damit gemacht werde.

Nach einem allgemeinen Zögern greifen zwei Frauen nach derselben Figur, dem Buchstaben A. Vor allem das A als Inbegriff des Anfangs, des Lebensbeginns fasziniert mehrere Teilnehmerinnen. Rosmarie verweist in diesem Zusammenhang auf das Labyrinthfest, bei welchem Kinder zum Lebensanfang in der Gemeinschaft begrüßt werden. Sie betont, dass auch das für sie eine politische Handlung sei, da die miteinander Feiernden die neuen Lebewesen willkommen heißen und ihnen das Versprechen geben, die Welt gestalten zu wollen.

Rosmarie wählt die Figur der zwei sich anschauenden Frauen aus. Frauenraum (und vielleicht auch Freiraum?!): Sich anschauen, wahrnehmen, respektieren. Rosmarie nimmt die Figur nicht, um sie zu verändern, sondern um sie vor Veränderungen durch andere zu schützen. Sie fügt den zwei Frauenfiguren lediglich zwei Augen hinzu, die sich direkt ansehen, sich nicht aus dem Weg gehen.
Magdalena nimmt die verschiedenen Weltdarstellungen und baut sie zu einem Gebilde zusammen. Den Frauenraum stellt sie dazu. Sie erläutert, dass wir uns miteinander in Beziehung setzen sollten: »Dann gibt es mehr Kraft und mehr entsteht.«

Unterdessen haben sich ein paar tamilische Kinder, die schon seit längerer Zeit ums Labyrinth (und den Tisch mit Knabbereien) herumgestrichen sind, zu uns in den Kreis gesetzt. Stühle rücken, Getuschel. Agnes lacht und fragt, wo es in der Schweiz schon eine politische Gruppe gebe, bei der so viele Kinder dabei seien.

Nach dieser kurzen Unterbrechung nimmt nun Rosmarie die Figuren Hammer und Amboss in die Hand. Auf Hammer und Sichel anspielend erklärt sie, dass diese für sie die Ohnmacht verkörpern, wie wenig Einfluss einzelne Menschen auf die Weltpolitik haben. Doch die Teilnehmerin, welche die Figur geformt hat, interveniert. Sie ist mit Rosmarie nicht einig und findet Hammer und Amboss von ihr zu negativ bewertet. Diese zwei Werkzeuge würden für sie verkörpern, dass es darauf ankomme, langfristig und nicht oberflächlich dranzubleiben, um etwas zu schaffen, dass hartnäckig gearbeitet werden müsse, bis etwas geworden sei.
Nebenan nimmt sich Regula der »Knorz«-Figur an. Sie spuckt in die Hände und macht sich daran, am Knorz etwas zu verändern.
Agnes nimmt die Kügelchen aus der Schale und verteilt sie auf dem Labyrinthtuch wie Menschen im Labyrinth. »Dadurch, dass etwas neu arrangiert wird, eröffnet sich auch etwas Neues«, kommt sie wieder auf die Bedeutung des Standpunktes zu sprechen. »Sitze ich auf der einen Seite, sehe ich etwas anderes als auf der anderen Seite.« Gleichzeitig setzt sie sich mit der Methode des heutigen Abends, Lehm als Gestaltungs- und Ausdrucksmittel, auseinander: »Mir gefällt, dass wir mit den geformten Lehmklumpen sofort Inhalte haben, anders, als wenn wir nur reden würden.«

Eine andere Teilnehmerin hat sich der Figur der Wolke zugewendet und formt sie zu einer Kugel um. Eine Kugel, die, wie sie betont, innen hohl sei. Sie könne sowohl eine Gebärmutter als auch die Welt darstellen, denn auch die Welt sei voller Geheimnisse. Und sie fügt an: »Wenn es keine Überraschungen mehr gibt, wird es eintönig!« Zitas ursprüngliche Idee von der Wolke als Zusammenrottung hat sich weiterentwickelt zur Zusammenrottung als Geheimnis. Magdalena sieht den Zusammenhang zwischen der Kugel und der politischen Zusammenrottung darin, dass die Kugel so ausgequetscht werden kann, wie auch wir uns ausquetschen und neue Ideen definieren können. Dass die Funken sprühen, wünscht sie sich auch von Hammer und Amboss.

Zita fragt nach, was denn aus der zu Beginn so begehrten Figur des Buchstabens A geworden sei. Er ist unterdessen zu Sandra gewandert und die hat ihn zu einer Geburt umgewandelt, einem Fötus, der bereits aus dem Mutterschoß rausschaut. Auf diese Weise ist die Thematik des Lebensbeginns, der schon die Schaffung der A-Figur geleitet hat, weitergeführt.

Schon früher hat Agnes die fünf Kontinente zu einem Gebilde zusammengebracht. Allerdings hat sie sie nicht zusammengeknetet, sondern sie hat die fünf Einzelgebilde nur zusammengefügt, so dass die ursprünglichen Erdteilmassen immer noch sichtbar sind. Nun denkt sie darüber nach, dass es sein kann, dass wir etwas zerstören, wenn wir eingreifen. Zita wirft ein, dass manchmal auch schon ein feiner Eingriff viel bewirken könne. Eine weitere Teilnehmerin stimmt dem zu: »Manchmal kann Mächtiges mit ganz wenig zu Fall gebracht werden.« Wichtig sei es vor allem, meint Zita, dass wir mit der Welt im Kontakt bleiben, um zu bemerken, welche kleinen Dinge sich bewegen. Dem fügt Agnes hinzu, dass differenzierte Ansichten wichtig seien, da nicht allen Menschen dasselbe wichtig sei, und dennoch sei der Austausch wichtig.

Die Hammer-und-Amboss-Diskussion geht in eine weitere Runde: Regula assoziiert die Werkzeuge mit den Großvätern, die Schmiede waren. Zita stimmt zu, dass auch sie nicht die Mächtigen als Schmiede sähe. Die Diskussion weitet sich aus auf das Thema Stahl und die Frage, wer in der Welt im Besitz dieses Materials sei und wer es brauche. Stahl und Öl seien es, was China bräuchte – das könnte die Welt auseinanderbringen. Cornelia meint, es müssten neue Ideen entwickelt werden, wie die Rohstoffe verteilt werden könnten.

Sich mit solchen Verbindungen und Ideen gedanklich auseinanderzusetzen, Folgen und Voraussetzungen zu erkennen, das sei eine bedeutende Kraft der Menschen. Weiter äußert sich Zita:

»Die Kraft, im Kopf zu gestalten, ist eine wertvolle Kraft!« Und sie meint, und kommt damit wieder direkt auf das Thema des Abends zu sprechen, das Politische daran sei, solche Gedanken zu äußern, so könnten neue Ideen wachsen und zwischen den Menschen zirkulieren. Magdalena bringt die Gefahr zur Sprache, vor lauter Denken blockiert zu sein, worauf Zita betont, dass alle ihre Gedanken aussprechen müssen, um das zu verhindern.

Im Zusammenhang mit der Überbevölkerung bringt Ursula die Frage des Standpunktes erneut ins Gespräch: Von verschiedenen Seiten betrachtet, könne eine Sache völlig unterschiedlich erscheinen. In diesem Sinne müssten sich immer wieder die Gleichen zurücknehmen. Das Thema Geld habe in der abendlichen Diskussion keine Rolle gespielt, was sie angesichts der Bedeutung von Geld in der heutigen Welt sehr erstaune. Aus diesem Grund erklärt sie die einstigen Lehmkügelchen, die zu Menschen geworden sind, nun zu Geld. Die Kügelchen sind auf dem ganzen Tuch verstreut. Ursula möchte das Geld sinnbildlich mit guten Wünschen und guter Energie in Zirkulation bringen und verteilen.

Unterdessen ist es schon dunkel geworden. Zum Abschluss verkündet Regula, die die ganze Zeit geknetet hat, dass aus dem Knorz-Lehmklumpen schlussendlich doch noch etwas geworden sei: eine Art Blume, eine Orchidee. Entsprechend ist auch ihr Wunsch, dass das »Drecksgeschäft der Politik«, wie es von so vielen Leuten empfunden wird, in etwas Schönes transformiert werden solle, in etwas, das den Menschen diene. Und: »Es geht nicht ohne dreckige Hände und Arbeit«, fügt sie lachend an und zeigt ihre lehmbeschmierten Hände.

Bevor bei Knabbereien und Getränken das letzte politische Labyrinthgespräch dieses Sommers gefeiert wird, tragen als Ausklang alle Frauen gemeinsam die Lehmgebilde unter den Thymianbusch des Labyrinths zusammen und schaffen so ein Stück politischen Garten. Danach werden die schmückenden Feigenblätter zum Kompost gebracht. Sind alle am Anfang des Abends allein, mit sich und ihren Lehmklumpen beschäftigt, ins Labyrinth eingetreten, so gehen sie nun zum Abschluss gemeinsam hinaus.

»Politisch« immer wieder selbst definieren

Durch die Arbeit und die Diskussionen im Labyrinth, dem öffentlichen Frauenplatz, sind alle eingeladen, ihre Vorstellungen über sich und die Welt zu formulieren. Das hilft jeder Person, immer wieder etwas Neues über sich selbst zu erfahren. Zusätzlich verändert sich damit auch die gesamte Welt. Diese beiden Blickrichtungen sind im Labyrinth leicht wahrnehmbar.

Andrea Günter diagnostiziert: »… dass das, was aufgrund der Erfahrungen einer Frau über die Welt und das Sein zu lernen wäre, nicht in die Vorstellung von der Welt und vom Sein einfließt. Außerdem befragen Frauen selten ihre Erfahrungen daraufhin, inwiefern sich in ihnen die Welt und das Sein selbst und nicht nur ein Teil der Welt oder des Seins – individuelle Ansichten und Meinungen, Gesellschaft, Geschichte, Kultur usw. – mitteilt (Libreria 1989, S. 37).« (Günter 2001, S 176)

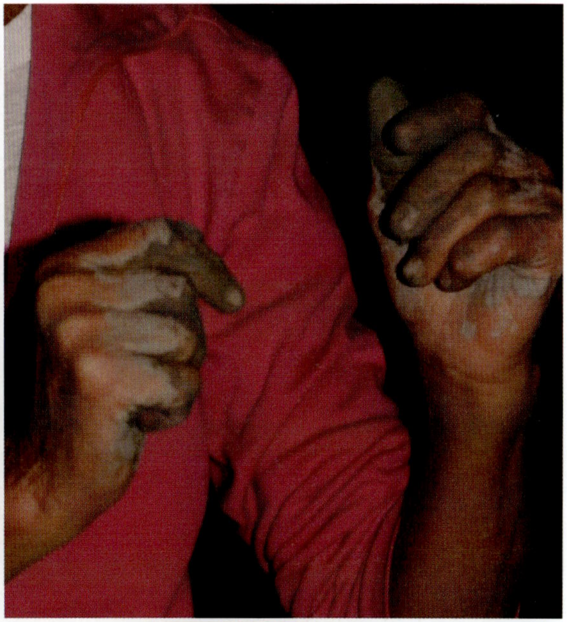

NärrinnenFreiheit & LabyrinthBräuche

Ursula Knecht, Regula Farner, Katherina Morf

Die Freiheit der Närrin

Das Labyrinth ist und war nie verwiesen auf Menschen an der Macht, auf die Anerkennung von Behörden, Institutionen oder politischen Parteien. Es muss nicht abgesegnet werden von irgendeiner religiösen oder wissenschaftlichen Instanz. Das Labyrinth hat Päpste und Könige und viele andere Machthaber überlebt, auch wenn es zeitweise im öffentlichen Bewusstsein fast vergessen wurde. In diesem Bild sind die Schwingungen des Umgangs gespeichert, es entzieht sich dem eindeutigen Definieren. Die Resonanz, die es im Verlauf der Geschichte immer wieder bekommen hat, ist quasi sein langer Atem.
Ähnlich ist es bei uns Labyrinth-Frauen. Wir beobachten, welche Wirkung der öffentliche Labyrinthplatz entfaltet. Wir freuen uns über die vielfältigen Schwingungen der Resonanz. Das ist die Art von Beachtung, die wir uns für den Platz und für unsere Arbeit gern gefallen

lassen; denn das gibt uns die nötige Kraft und die Macht der Freiheit. So können wir selbst definieren, was wir für wichtig halten, auf welche Weise wir uns engagieren wollen und möglicherweise können wir sogar die gesellschaftlichen Zwänge der Ausgrenzung oder Anpassung überlisten, der Angst und der Ohnmacht die Macht entziehen.
Wir sehen diese Freiheit untrennbar verbunden mit der Liebe zur Welt. Mit dieser Macht, oft mit dem Humor gepaart, hinterfragen wir die gängigen Denk- und Handlungsmuster und öffnen einen Weg für mutige Schritte zu neuen Umgangsformen und Sichtweisen.

– du – Labyrinth, eine ironische Anrufung (1990)

– du – **A**rena für Planeten und Musen
– du – **B**ildungslücke und Bildungsstätte
– du – **C**haos endlosen Durchgangs
– du – **D**rachenhöhle vielfältiger Gerüchte und Gerüche
– du – **E**rfahrung von Mutterleib und Geburt
– du – **F**alle für Dichter, Denker und Deuter
– du – **G**eheimnis von Fülle und Leere
– du – **H**exenkessel des Zweifels und der Verwandlung
– du – **I**rrgang aller Heldenwege
– du – **J**ungbrunnen von Sonne und Mond
– du – **K**näuel der Lebens- und Liebesfäden
– du – **L**andkarte von Gehirn und Gedärm
– du – **M**uschel von Harmonie und Disharmonien
– du – **N**iemandsland auf der Pilgerreise durch die Gezeiten
– du – **O**ase von Leidenschaft und Vertrauen
– du – **P**aradies der Einfälle und der Television
– du – **Q**uelle für die Weisheit der Narren
– du – **R**astplatz auf der Höllenfahrt der Überraschungen

– du – **S**iegel deiner selbst und der Frauen
– du – **T**or auf dem Umweg zum Himmel
– du – **U**niversumscomputer für Gewachsenes und Gewordenes
– du – **V**orwand verborgener Vergnügen
– du – **W**urzel des tanzenden Urbildes
– du – **X**-Punkt von Begegnung und Einsamkeit
– du – **SY**mbol der heilenden Geometrie
– du – **Z**ufall nach erfolglosem Suchen

Bevor der Labyrinthplatz in Zürich das Licht der Welt erblickte, haben Frauen jahrelang geforscht, die Kulturgeschichte des Labyrinths rekonstruiert, Mythen überprüft, Labyrinthe gezeichnet, in Sand und Schnee getreten, aus Steinen, mit Blättern und Bändern geformt und damit Erfahrungen gesammelt – eine lange Zeit der Schwangerschaft im Verborgenen. In diesem Zusammenhang erfährt auch der überlieferte Mythos vom Minotaurus, dem Jünglinge und Jungfrauen geopfert werden, bis der Held Theseus ihn besiegt, eine neue Deutung, in dem wir ihn in einen größeren kulturgeschichtlichen Zusammenhang stellen. (Vgl. 1. Umgang, 2. Teil und www.labyrinth-international.org/dokumente/ProjektLabyrinth.pdf)

Der alte griechische Mythos spricht nicht nur kulturhistorisch, archäologisch und altphilologisch Interessierte an. Auch die Männer und Frauen am Biertisch neben dem Labyrinth, die uns jeden Tag beobachten, fragen nach der Herkunft des Labyrinths. Eines Tages entdecken sie zusammen mit der Gärtnerin Regula ihre und unsere Geschichte vom Minotaurus. Regula berichtet:

Im Anschluss an eine Veranstaltung fragt mich ein Mann vom Biertisch nebenan: »Wie war das eigentlich mit dem Labyrinth, da gibt es doch so eine Geschichte?« Giorgio, der Grieche in der Runde, meint: »Labyrinthos heißt auf Griechisch Irrweg, das ist die genaue Bedeutung.« Ein an-

derer fällt ihm ins Wort: »Nein, das kann nicht sein, das ist nicht das Gleiche wie dieses hier mit den Frauen.« Ich höre dem Gespräch zu, bin aber ziemlich müde und mir fällt die »richtige« Geschichte nicht auf Anhieb ein. Da ruft ein dritter Mann, dass da doch noch dieser Typ eine Rolle spiele, der mit dem roten Faden hineingegangen sei. »Ja genau«, meint ein weiterer, »der musste den Stier töten.« »Das glaube ich nicht«, sagt der nächste, »das hat doch gar nichts mit den Frauen hier zu tun«, und zu mir hin gewandt: »Oder? So wie ich dich kenne, wärst du nicht dafür, dass dieser Stier getötet wird?« »Ja, da hast du recht«, antworte ich, »da bin ich nicht dafür. Wir würden das Problem anders lösen, aber wie?« Einer bietet eine Lösung an: »Dieser, wie hieß er schon wieder? Dieser, ah ja, Theseus, könnte doch in die Mitte kommen. Dann sieht er, wie alleine und traurig der Stier ist, Minotaurus hieß er, nicht? Er redet mit ihm, er singt für ihn, er zähmt ihn und schließlich gehen beide dem roten Faden nach bis hinaus zum Eingang des Labyrinthes. Dort treffen sie auf Ariadne. Weil der Minotaurus nun kein Ungeheuer mehr ist und dankbar, dass der Mann ihn gerettet und mit Hilfe der Frau den Weg ins Leben wiedergefunden hat, dürfen Ariadne und er auf dem Rücken des starken Minotaurus hinaus in die Welt reiten.« Wir sind uns alle einig: Das ist die wahre Geschichte vom Minotaurus und seinem Labyrinth.

Wer den Weg zum Labyrinthplatz in Zürich von der alten Kaserne her unter die Füße nimmt, überquert die Kasernenwiese, vorbei am von hohem Stacheldraht umzäunten Provisorischen Polizeigefängnis. Auf viele BesucherInnen wirkt dies irritierend. Sie fragen uns: Warum der schöne Labyrinthgarten in unmittelbarer Nähe eines Gefängnisses? Für uns ist die Spannung zwischen Gefängnis und Labyrinth nicht nur ein Bild für unsere Gegenwart, in der beides nebeneinander existiert, sondern auch ein Ausdruck des Ganges der Geschichte, in dem aus dem Labyrinth als Kult- und Tanzplatz ein Gefängnis wurde, wie der Mythos anschaulich erzählt. Wir wünschen, dass es immer weniger Gefängnisse braucht und immer mehr öffentliche Tanzplätze Menschen miteinander friedlich und fröhlich verbinden.
Dazu die Gedanken von Agnes Barmettler, der Schöpferin des Labyrinthlogos:

Tanzendes Urbild – Labyrinth

Überliefert unter vielen Namen, Formen und Geschichten, durch Zeitalter hindurch gebraucht und wieder verlassen, neu aufgegriffen zu Zeiten von Wirrnis und Schrecken, ein Orientierungsmodell, das Labyrinth.

Niemand weiß, woher es kommt, wer es erfand, wo und wann es entstand, das Zeichen mit dem verschlungenen Weg. Funde gibt es fast auf der ganzen Erde, das Labyrinth gehört zum Kulturgut unterschiedlicher Völker. Sie haben das Zeichen eingeritzt in Felsen und Höhlen, bei ihren Grabstätten, geprägt in Münzen und Schmuck, geflochten und gewoben. Als begehbare Bilder sind sie verstreut an den Küsten. Mythen, Spiele, Tänze, Ortsnamen erinnern daran. Relativ spät, wie alles, erscheint es auch in Büchern, an Überlieferungen mangelt es nicht, das Haus der Spinne ist bekannt, Ariadne mit dem Faden.

In vielen Kulturen steht das Labyrinth in unmittelbarem Zusammenhang zu Geburt, Tod, Initiation, Wiedergeburt ... Tapuat, die Wiege, so nennen es die Hopi, »ein Schöpfungsplan, der heilige Ort, woher wir kommen und wohin wir gehen, zurückkehren«, das Geheimnis der Lebenskraft, einer Kraft, die sich erneuert im Wechsel von Werden und Vergehen. Ein Bild für die Erde, für die Frau, ein Zeichen des Wandels, ein Faden, der nirgends unterbrochen ist, der Labyrinthweg. Wie der Mond und die Gezeiten in ihrem Wandel steht auch das Labyrinth als Bild für die Gesetzmäßigkeiten der Lebenskräfte, für Verwandlung. Erneuerung. Der Name Jungfrauentanz lässt an ähnliche Zusammenhänge denken. Aus dem Tanzplatz wird mit der Zeit ein Kampfplatz. Der Ort des Schutzes und der Kraft wird zur Burg, die Burg zur Festung, schließlich zum Gefängnis, zur Falle, zum Ort ohne Ausweg, zum Irrgang.

Aus dem Plan für den Weltenlauf und für die Gesetze des Lebens werden beliebig einzelne Teile herausgelöst und stehen einseitig herausgegriffen ohne Beziehung zum Ganzen. In verschiedenen Deutungsversuchen steht jetzt das Labyrinth für alles Mögliche: Weg der Prüfung, der Gang durch die Hölle, durch die Laster und Lüste, ein Pilgerweg, ein listenreicher Heldenpfad. Es wird Bild für die Ausweglosigkeit aus den Schlingen des Schicksals, schließlich eine Metapher für alles Unübersichtliche, für Verwirrung und Chaos. Die christliche Deutung lehnt sich an den griechischen Mythos an, denn auch hier bringt das blutige Opfer Erlösung, den Ausweg.

So verschieden die Deutungen auch ausfallen, sie haben etwas gemeinsam, das Labyrinth ist ein Zeichen der Umwandlung, der Veränderung, ein Zeichen der Wende. Jeder Wandel vollzieht sich erst mit dem Verlassen von Vertrautem, mit der Zuwendung zum Unbekannten. Risiko und Chance halten sich die Waage. Veränderung ist ein Wagnis, und sie irritiert, wie das Labyrinth mit seiner widersprüchlichen Weisheit verunsichert. Die paradoxen Wahrheiten des Lebens sind ambivalent. Sie verlangen Auseinandersetzung und Unterscheidung. Unterscheiden aber schafft Klarheit, nicht Verwirrung. Im Labyrinth sind diese paradoxen Wahrheiten sinnlich erfahrbar, fassbarer als es das Nacheinander von Worten sagen kann, denn im Gehen sehend verstehen, das Ganze wahrnehmen, sich erleben in Raum und Zeit, in Schwingung und in Ruhe, im Gleichgewicht zwischen Körper und Geist, das ist so komplex wie ein- und ausatmen und so einfach zugleich. An jeder Zeitenwende ruft das Labyrinth sich in Erinnerung, als wollte es sich anbieten zur Neuorientierung, zur Besinnung auf uralte Gesetze des Lebens, als ein Zeichen der Vielfalt und der Begrenzung.

all-täglich & gleich-gültig

Ursula Knecht

1990, ein Jahr bevor wir den Labyrinthplatz im Zeughaushof anlegen konnten, fassten wir unsere Forschungsarbeit der vergangenen Jahre und unsere Vision in einer Gründungs-Broschüre zusammen. In der Mitte des Heftes, auf transparentes Papier in großen Lettern gedruckt, stand der Leitgedanke:

> Gemeinsam mit vielen andern wollen wir am Bewusstseinswandel und an einem neuen Gleichgewicht schaffen.
> Nicht durch:
> – aufheben alles Ungleichen,
> – gleichmachen der Geschlechter und aller Dinge,
> sondern:

– mit dem Risiko und der Chance gewaltfreier Auseinandersetzung,
– in der Anerkennung der Gleichwürdigkeit aller Wesen.
Dazu brauchen wir öffentlichen Raum:
– ein Labyrinth an einem Ort genügt nicht, wir brauchen ein Labyrinth an 133 Orten.

Unterdessen sind allein in der Schweiz, Deutschland und Österreich mehr als 133 neue Labyrinthplätze entstanden, die meisten von Frauen initiiert, gepflegt und betreut. Vereint sind sie unter dem Logo, das Agnes Barmettler geschaffen hat:

Die Frau im Labyrinth bildet mit ihrem Körper das Orientierungskreuz der Labyrinthstruktur. Ihr Herz im Schnittpunkt der waagrechten und der senkrechten Achse ist das Integrationsorgan für die unterschiedlichen Kräfte der Extreme. Es ist die verborgene Mitte des Labyrinths, der Ort wo alle Kräfte im Gleichgewicht sind, gleichzeitig in Ruhe und in Bewegung. Aus diesem Mittelpunkt bewegen sich die Weg weisenden Strukturbögen des Labyrinths. In je einer Hin- und Her-Bewegung, verbunden mit dem Kopf, dem Fuß, dem linken und dem rechten Arm der Frau, bezeichnen sie die Grenzen des menschlichen Maßes innerhalb der Gesetze des Lebens und erinnern an sie.
Die senkrechte Achse, die von Kopf bis Fuß durch jeden menschlichen Körper geht, erinnert an die Verbindung von oben und unten, von Himmel und Erde und an die Fähigkeit des Verstehens mit Körper und Geist – beides in einem gleich gültig.
Die waagerechte Achse, die durch die ausgebreiteten Arme sichtbar wird, erinnert an den Handlungsspielraum der linken und der rechten Seite unseres Körpers und an die Fähigkeit des Umarmens – beides in einem gleich gültig.

Was uns jeden Tag empfängt

Wer in Zürich das Innere unseres Labyrinthgartens betritt, findet dort die Frau im Labyrinth als begehbares Bild vor. Unzählige Menschen sind es gegangen, viele haben die Bedeutung bewusst oder unbewusst in sich aufgenommen und in die Welt hinausgetragen. Die Arme ausbreiten, statt die Faust in der Tasche ballen. Wendungen in Kauf nehmen. Umkehren. Niemanden übergehen. Geschlossenen Kreisen misstrauen. Das menschliche Maß finden.

In Zürich ist die Labyrinthfrau in der Mitte des Platzes umsäumt vom Pflanzenlabyrinth mit 4 Umgängen.

Täglich verändert sich der Garten, entsprechend der Tages- und Jahreszeiten: Werden, Vergehen, Neuwerden – Säen und Ernten – Gießen, Jäten, Schneiden, Aufbinden, Umpflanzen, Kompostieren. Den zyklischen Kreislauf des Lebens können wir hier jederzeit erfahren und bedenken. Er gilt für alles, auch für unser eigenes Dasein.

Im Labyrinth verbindet sich das *Zyklische* der Lebensprozesse mit dem *Linearen* der einmaligen geschichtlichen Existenz, wird anschaulich und begreifbar.

Wir sind zwar dem Zyklischen unterworfen, unser Leben hat aber auch eine geschichtliche Dimension: Unsere einmalige und unverwechselbare Biografie. Wir legen unsere eigene Spur durch Raum und Zeit. Der Weg durchs Labyrinth versinnbildlicht dies. Wir gehen ihn alleine, auch wenn viele ihn vor uns gegangen sind. Er erinnert uns an die VorgängerInnen, weitet den Blick für die Nachfolgenden, hält uns in der Gegenwart, dem Jetzt und Heute.

> *im labyrinth gehen – wie in einem gedicht – einem vertrauten text / mich an diese und jene farbe erinnern / einen zweig zurückbiegen / einen duft einatmen / unter den füßen einen kiesel spüren / und immer wieder hinein und hinaus / den rhythmus der verszeile im körper, in den füßen /eine wendung und wieder eine / berühren und berührt werden / wie in einer erzählung / wie in einem gedicht*

Wer den Labyrinthweg immer und immer wieder geht, vertraut sich einem Rhythmus an, der Körper und Geist wohl tut.

Manche gönnen sich diese Wohltat wöchentlich, einige sogar täglich:

> *Wir wundern uns über Blüten und kleine Zweiglein, die wir regelmäßig auf dem Gewölbe der Labyrinth-Grotte vorfinden. Eines Tages begegne ich ihm, einem Mann mittleren Alters. Er mache täglich einen Spaziergang durchs Labyrinth, vor oder nach der Arbeit. Und jedes Mal schmücke er die Grotte mit einer Blüte. Mehr wollte er nicht preisgeben aus seinem Leben.*

Die Psychiatrische Universitätsklinik unterhält in der Nähe des Kasernenareals ein Kriseninterventionszentrum. Ein Therapeut führt die PatientInnen der »Genussgruppe« regelmäßig ins Labyrinth. Den Duft der Blüten einatmen, die Farben wahrnehmen, die unterschiedlichen Pflanzen und ihre Wachstumsstadien unterscheiden, den Vogelstimmen lauschen, Erde berühren, sich einem Weg anvertrauen, der nicht in die Irre führt, sondern sicher in die Mitte und wieder hinaus. Diese Erfahrung unterstützt den Genesungsprozess.

All-Tag im Labyrinth

Den Überblick gibt es nicht

Wer einen der unterdessen zahlreichen Labyrinth-Fotobände zur Hand nimmt, dem leuchten in bunten Farben Labyrinthe entgegen, in denen die Struktur klar ersichtlich ist. Die Bilder sind alle aus der Luft aufgenommen, von oben herab. Wer aber ein Labyrinth geht, dem/der entzieht sich der »Überblick«. Nur Schritt für Schritt erschließt sich der Labyrinthweg. Der Blick reicht vielleicht bis zum nächsten Wendepunkt, weiter nicht.
Woher also das Vertrauen nehmen, den Weg dennoch zu wagen? Weil viele ihn vor mir schon gegangen sind? Mit jedem Gang durch ein Labyrinth, hinein und hinaus, wächst

das Vertrauen, oder sollen wir sagen: das Zutrauen. Ich traue mir zu, mich nicht zu verirren. Das »Überblick-Bild« ist in meinem Körper, meinem Herzen. Ich muss mich nicht in die Luft schwingen und den Boden unter den Füßen verlieren. Das Bild ist in mir und ich bin im Bild.

Es ist wie im Leben. In die Zukunft hinein lässt sich nicht schauen, der Überblick ist uns verwehrt. Aber vielleicht, im Zurückschauen auf das bereits zurückgelegte Stück Weg, lässt sich ein »roter Faden« erkennen. Dies macht Mut zum Weitergehen.

Wir mögen es nicht, »von oben herab« betrachtet zu werden. Es zeugt von einer Einschätzung, die uns nicht gerecht wird und die wir als abschätzig empfinden.

Sich stören lassen, Zeit haben, zuhören

Wer einen Haushalt besorgt, sich um MitbewohnerInnen, ihre Bedürfnisse und um die Dinge des Alltags kümmert, kommt nicht umhin, sich immer wieder stören zu lassen. Auch den Frauen, die den Labyrinthplatz betreuen, ist diese Erfahrung vertraut. Für uns bedeutet sie: den Augenblick ernst nehmen, dem Ungeplanten und Unverfügbaren Raum lassen. Hadwig Müller beschreibt, wie arme Frauen in Brasilien das Eindringen des Anderen/Fremden in ihre Räume und ihre Zeit als göttliche Gabe, als Gnade erleben. Sie nennt es »subversive Mystik« (Müller 2000, S. 147-160). Ina Praetorius spricht von der »fragmentierten Zeit«, die vor allem den Alltag von Frauen prägt (Praetorius 1995, S. 33-46). Es ist nicht immer leicht, die Fragmentierung der Zeit, die Unterbrechungen im Arbeits- und Gedankengang zu ertragen. Aber es bewahrt vielleicht davor, lebensfremde und lebensbedrohliche Ziele anzusteuern, Theorien zu entwickeln und in Handlungen zu überführen, die dem Lebendigen Gewalt antun.

Was ist mehr wert, was ist wichtiger, wenn ein Kind dir einen Käfer zeigen will, den es eben im Labyrinth entdeckt hat, oder wenn ein verletzter Mensch dir seine Lebensgeschichte erzählen möchte, oder wenn einer über den Sozialarbeiter, bei dem er gerade war, flucht, weil du zufällig da bist und er deshalb seine Wut loswerden kann? Oder ist all

dies gleichgültig, weil es für das menschliche Wesen, das vor dir steht, nein, vor dem du stehst, im Augenblick die Welt bedeutet?
Eine junge Frau, die ein paar Jahre im Labyrinth-Team mitgearbeitet hat, bezeichnete das Labyrinth als großes offenes Ohr. Wir werden nie erfahren, was im Laufe der Jahre ins Labyrinth-Ohr geflüstert, geschrien, geklagt, geflucht, geseufzt und welche Geheimnisse ihm anvertraut wurden.

Sich auseinandersetzen

Wenn Menschen miteinander leben, sind Konflikte und Auseinandersetzungen unvermeidlich. Manchmal arten Auseinandersetzungen in unversöhnlichen Streit aus. Man geht, oft für immer, auseinander. Eine Erfahrung aus der Labyrinth-Praxis hat uns ein Bild geschenkt, was Auseinandersetzung auch bedeuten kann:
Im Sommer vor drei Jahren wurden die Tisch-Bank-Kombinationen auf der Wiese neben dem Labyrinth, die vor allem von den »Randständigen« genutzt werden, vom Gartenbauamt entfernt. Einige waren im Laufe der Jahre verwittert, altersschwach und wackelig geworden, andere im Laufe des Winters als »Heizmaterial« im Feuer gelandet, um jene, die zum Teil auch die Nacht draußen verbringen, zu wärmen. Verblieben waren nur ein paar einzementierte Sitzbänke. Wir setzten uns dafür ein, dass neue Tische und Bänke installiert werden. Es dauerte sehr lange, bis das Gartenbauamt endlich damit anrückte. In der Zwischenzeit stritten sich die Leute um die wenigen verbliebenen Bänke, es gab oft lauten Krach, sogar Schlägereien kamen vor. Manchmal schleppten sie von irgendwoher selbst Tische, Bänke und Stühle herbei. Sie wurden aber am nächsten Tag vom Reinigungsdienst der Stadt abtransportiert. Wir waren auch der Meinung, dass der öffentliche Platz kein Möbellager werden soll, und stellten zwischenzeitlich unsere eigenen mobilen Tische und Bänke zur Verfügung.
Es war eine eindrückliche Erfahrung, zu erleben, wie sich die Situation auf dem Platz beruhigte, sobald die Leute Gelegenheit hatten, sich »auseinander zu setzen« – im wörtlichen Sinne. Jetzt konnten sie sich in Grüppchen an verschiedenen Tischen versammeln, blieben aber miteinander in Hör- und Sichtweite verbunden.

Diese Erfahrung ist für uns unmittelbares »Anschauungsmaterial« für das, was wir an der Labyrinth-Struktur schätzen: Alle sind auf demselben Weg und doch kann jede Person im Gehen Distanz und Nähe zu den anderen selbst bestimmen.

Oberflächlich & tiefgründig

Aus Briefen von Labyrinthfrauen nach einem Gartenarbeitstag:
»Es lebe die Oberflächlichkeit! Das Wahrnehmen der Dinge im Augenblick, wo und wie sie sich zeigen. Nur die Oberfläche können wir streicheln. Und sie spürt es, dessen bin ich gewiss. Von ›Lebenszärtlichkeit‹ hat einmal jemand mit Bezug auf den Labyrinthgarten gesprochen. Was soll das Gründeln und Graben nach den Wurzeln, der ›ewigen Wahrheit‹, dem ›Ding an sich‹, dem, was dahintersteckt! Davon haben wir genug. Es hat uns nicht weitergebracht. Wir haben uns und die Welt darüber vergessen und vernachlässigt. Dementsprechend sieht sie und sehen viele Menschen aus: vernachlässigt.«

»Bettina und ich waren heute dabei, ein Beet neu zu gestalten. Es galt, eine üppig wuchernde große Graspflanze auszugraben. Ihre Wurzeln reichten tief. Harte Arbeit. Wir dachten erst, dass wir es an diesem Herbsttag vor Sonnenuntergang nicht mehr schaffen würden. Während wir gruben erzählten wir uns Geschichten aus unserem Leben. Es wurde ein sehr persönliches Gespräch. Auch Ängste, Verletzungen und Schmerzen, die wir erlitten hatten, vertrauten wir einander an. Plötzlich war die Wurzel der Pflanze freigelegt, die Pflanze wankte und wir konnten sie fast mühelos aus dem Beet heben. Beide sagten wir fast im selben Augenblick und Atemzug: ›Jetzt sind wir bei den Wurzeln angelangt, bei den Wurzeln der Pflanze und bei den tiefen Erfahrungen in unserem Leben.‹«

Die Arbeit im und mit dem Labyrinth und die Auseinandersetzung mit seiner Struktur hat uns gelehrt, alles wenn möglich von verschiedenen Seiten zu betrachten. Selten ist ein Entweder-oder angebracht. Fast immer gilt das Sowohl-als-auch, ein Und, das verbindet und oft Gedanken und Dinge miteinander in Beziehung setzt, die wir zunächst als unverbunden und inkompatibel empfinden.

Heimatlose Pflanzen

Immer wieder finden wir Behälter mit Pflanzen beim Labyrintheingang. Menschen, die sie nicht mehr brauchen, hoffen offenbar, dass sie im Labyrinthgarten eine neue Heimat finden, wie diese Geschichte zeigt:
Vor zwei Wochen kam eine ältere Frau ins Labyrinth, bewunderte den Garten und erzählte, dass sie wegen Scheidung ihr Haus und den Garten verlassen musste und nun in diesem Stadtteil wohne. Regula meinte, dass der Labyrinthgarten gerne »heimatlose« Pflanzen aufnehme, wenn sie etwas aus ihrem Garten hier in der Nähe haben möchte. Vorgestern nun hat sie ihre Maiglöckchen ins Labyrinth »gezügelt«. Wir hoffen, dass es ihnen hier gefällt und die Frau ein Stücklein Heimat am neuen Wohnort findet.

Nackt und bloß geboren – wir alle sind abhängige Wesen

Wenn wir uns als »Öffentliche Hausfrauen« bezeichnen und die täglichen Verrichtungen, die weltweit vor allem von Frauen geleistet werden – Kochen, Aufräumen, Putzen, den Tisch decken, Abräumen, den Raum schmücken –, sichtbar werden lassen, geben wir ihnen eine Bedeutung, stellen das Gewöhnliche in einen ungewöhnlichen, manchmal festlichen Rahmen. Die italienischen DIOTIMA-Philosophinnen sprechen vom »zivilisatorischen Werk« der Frauen, ohne das eine Gesellschaft nicht überleben würde.
Das Jahresthema 1992 hieß »nackt und bloß geboren«. Diese Erfahrung ist allen Menschen gemeinsam, was auch immer später aus ihnen wird. Es bedeutet, dass alle Menschen abhängig sind von Zuwendung und Fürsorge, von Nahrung, einem Dach über dem Kopf, Bildung und vielem mehr.
Am Internationalen Labyrinthtag 2009, dem Tag der Verbundenheit mit den Labyrinthplätzen weltweit, hat eine junge Frau diesen Gedanken aufgenommen und am Eingang zum Labyrinth ihren Wunsch laut ausgesprochen:

»An einem Tag wie heute, einem Moment wie jetzt spüren wir Verbundenheit zu anderen, zu denen, die hier sind, und denen, die anderswo sind. Diese Verbundenheit ist Teil einer der Grundbedingungen des Menschseins – der Abhängigkeit. Ich möchte uns allen wünschen, dass wir uns unserer Abhängigkeit im Alltag bewusst werden und bleiben: Jeder Mensch ist am Anfang, als Baby, ganz und gar von anderen Menschen abhängig. Danach verlieren wir diese Grundbedingung des Menschseins aus dem Blick, wir drängen sie aus dem Zentrum an den Rand – abhängig, das sind andere: ganz Junge, ganz Alte, ganz Arme, ganz Kranke. Ich wünsche uns das Bewusstsein, dass nicht nur diese Menschen abhängig sind, sondern wir alle, als Menschen. Dass die Abhängigkeit nicht etwas für Randständige ist, sondern zentral für uns alle und dass wir daher Zeit unseres Lebens der Fürsorge bedürfen, wir alle. Und ich wünsche uns, dass dieses Bewusstsein unseren Blick auf die Welt, auf unsere Ziele und Wünsche verändert.«

Warum kein Irrgarten? Warum ein Labyrinth?

Am Anschlagbrett beim Labyrinth hängt ein Zettelchen. Die Handschrift deutet auf eine jugendliche Person: »Das ist ein langweiliges Labyrinth – man kann sich nicht einmal verirren.«

Agnes Barmettler nimmt diesen Gedanken auf:

Der Irrgang ein kurz-weiliger Weg

Seit dem Beginn der sogenannten Neuzeit ist der Irrgang überliefert, als Lustgarten angelegt, als ein Verwirr- und Versteckspiel, das neckisch den Orientierungssinn durcheinander bringt. Dieses amazing, amusing maze (= staunenswert, unterhaltsames Wirrwar) weckt die Neugierde und die Lust, etwas oder jemanden zu finden oder zu verstecken, aber auch die Angst, sich oder andere zu verlieren. Deshalb müssen die Trennwände zwischen den Wegen undurchschaubar und hoch sein. Sie sollen den Überblick über das angebotene Wegenetz als Ganzes verhindern und den Spaß am Suchen und Finden vergrößern. Wo bin ich? Wohin kann ich gehen? Wie komme ich da wieder raus? Im Irrgang ist ein räumliches Gedächtnis von Vorteil, um erfolgreich zu sein. Es geht um den Trick, den kürzesten und einzig gangbaren Weg in einem Mehrwegsystem herauszufinden, indem möglichst alle Irrwege und Sackgassen erinnert und weggelassen werden. Auf den engen, schluchtartigen Wegen können auch Gefühle der Einsamkeit auftauchen und der Schreck oder die Freude und Erleichterung bei unverhofften Begegnungen, ähnlich wie in schmalen Gässchen einer unvertrauten Stadt. Sobald der Trick des Irrgangs bekannt ist, schwindet meist das Interesse am Verweilen.

Das Labyrinth ein lang-weiliger Weg

Die ersten Labyrinth-Funde sind ca. 5000 Jahren alt. Als Zeichen des Wandels ist es immer dann vermehrt in Erscheinung getreten, wenn eine Neuorientierung not-wendig wurde. Wohin bin ich gekommen? Wie weit kann ich gehen? Das Labyrinth weckt die Lust, sich und das Andere aus unterschiedlichen Standpunkten und Blickwinkeln zu sehen. Sein langer Weg ist offen, sichtbar und trotzdem voller überraschender Wendungen, die sehr irritierend sein können, Geduld und Vertrauen nötig machen und sie herausfordern. Die linke wie die rechte Gehirnhälfte werden gleichzeitig aktiviert, der Gleichgewichtssinn gestärkt. Das Orientierungsbild Labyrinth schafft Klarheit und nicht Verwirrung. Es erweitert den Horizont, ermöglicht die Sicht auf das Andere, auf die anderen, das Interesse steigert sich. Veränderungen können angegangen werden, eine Wende ist immer wieder in Sicht, die Kehrtwende ermöglicht vielleicht sogar Quantensprünge. Weitergehen, innewerden, herausfinden, verweilen, immer wieder neu. Das Labyrinth ist attraktiv geblieben durch viele Jahrtausende hindurch. Ein lange weilender Jungbrunnen.

DenkBar – Akademie unter freiem Himmel

Caroline Krüger

»Pionierin heißt eine Frau, die allein oder zusammen mit anderen einen Weg einschlägt, wo vorher keiner war. Die Pionierin geht zu Fuß, denn es gibt keinen Weg ohne Kontakt mit den Füßen. (Autobahnen sind keine Wege.)« (Muraro 2001, S. 192)

Vor 20 Jahren gab es in der Schweiz keine Labyrinthe im öffentlichen Raum. Der Labyrinthplatz im Zeughaushof in Zürich ist ein Pionierplatz in verschiedenem Sinn. Zum einen, weil er eine Länder übergreifende Labyrinthbewegung ausgelöst hat (im deutschsprachigen Raum sind seither über 200 öffentliche Labyrinthe entstanden), zum anderen – im Sinne Luisa Muraros –, weil die Labyrinthfrauen einen Weg eingeschlagen haben, »wo vorher keiner war«. Sie haben aus vielen Überlegungen heraus den Labyrinthplatz geplant und angelegt (siehe Kap.: »UrSprünge und BeWegGründe«). Sie haben den Weg eingeschlagen: 1991 wurde in wenigen Tagen ein Rundweg geschaufelt, und mit der ausgehobenen Erde wurden Beete für ein Pflanzenlabyrinth geformt. Sie gehen den Weg zu Fuß, zusammen mit

anderen und immer wieder neu. Wer den Labyrinthweg geht, kann sich entspannen – der Weg führt nicht in die Irre; ein Labyrinth ist kein Irrgarten. Der Weg ist allerdings ein ganz anderer, als in unserem alltäglichen Leben meist empfohlen wird. »Auf direktem Weg zum Ziel« ist im Labyrinth nicht möglich. Es ist ein langer Weg auf kleinem Raum. Es gibt keinen direkten Weg zu einem Ziel. Es gibt kein Ziel. Die Mitte des Labyrinths ist der Umkehrplatz, ein Ort, um nach der Hälfte des Weges innezuhalten. Danach folgt der ganze Weg noch einmal in umgekehrter Richtung. Wer sich dieser Struktur anpasst, erhält Gelegenheit, ganz verschiedene Perspektiven einzunehmen, alles aus verschiedenen Richtungen zu betrachten. Wer sich der Struktur nicht anpasst und versucht, einen »geraden« Weg zu gehen, zertrampelt Pflanzen und übergeht Wegabschnitte, verpasst etwas.
Diese Praxis des Gehens, des Kultivierens und der Richtungswechsel, der lange Weg auf kleinem Raum, dem wir uns anvertrauen können, führt zu neuen Denkanstößen, die sich wiederum in Theorie ausdrücken lassen.
Es ist kein Zufall, dass von Beginn an immer wieder auch Veranstaltungen das Labyrinthprogramm bereichert haben, deren Inhalt das Sprechen und das Denken sind – die politischen Gespräche, die DenkBar, die Generationengespräche.
Denken und Handeln, Theorie und Praxis ergänzen einander; eines führt zum anderen. Vielleicht ist es ein wenig wie der Weg ins Labyrinth hinein zum Wendepunkt und dann wieder hinaus? Ein Weg, der gemeinsam gegangen wird, mit den Füßen auf dem Boden und dem Blick in alle Richtungen.

Von der Theorie zur Praxis

Welcher Weg führt vom Denken über die Welt zu einer Praxis in der Welt? Welcher Weg führt vom praktischen Erleben ins theoretische Verarbeiten? Diese Fragen haben sich die Labyrinthfrauen immer wieder gestellt und stellen sie heute noch (vgl. Knecht 2003, S. 72). Das Labyrinth ist ein Muster, das es schon seit Jahrtausenden gibt – ein Welt-Erbe. Es ist eine Struktur, die erdacht worden ist und sich auch eignet als Ausgangspunkt für eigenes Denken. Daher beginnen die meisten Veranstaltungen mit einem Gang durchs Labyrinth.

Mit Theorie und Denken ist hier nicht ein System des Denkens gemeint, das in sich geschlossen wäre. Das Labyrinth selbst ist keine geschlossene Struktur, und ebenso wenig ist das Denken im und über das Labyrinth geschlossen. Die Akademie, von der in meiner Überschrift die Rede ist, ist keine Schule, wie die erste Assoziation nahelegt. Mit der platonischen Akademie gemeinsam hat sie den freien Himmel. Wie einst Platon und seine Schüler sitzen wir nicht in engen Stuben, sondern wandeln im Freien und entwickeln unsere Gedanken beim Gehen. Ein großer Unterschied ist aber, dass die Subjekte der Labyrinth-Akademie primär Frauen sind; Männer und Kinder sind eingeladen. Eigentlich gebe es im Labyrinth eine ACCA-demie, meint Rosmarie Schmid, eine der Labyrinthplatz-Pionierinnen. ACCA oder AKKA sei sowohl im alten Griechenland als auch in den nordischen Ländern als Göttin verehrt worden. In Lappland zum Beispiel sei sie die Göttin der Weisheit. Feste zu Ehren dieser Göttin seien im Freien mit Tänzen, Gesängen und Diskussionen gefeiert worden. Alle diese Elemente gibt es auch bei den Veranstaltungen im Labyrinth.

Theorie spielt eine wichtige Rolle bei den Veranstaltungen und dem Nachdenken darüber. Der Begriff Theorie meint hier im Sinne Luisa Muraros etwas Grundsätzliches: »Worte finden, die sehen lassen, was ist.« (Muraro 2006, S. 67) Die italienische Philosophin setzt sich mit den Möglichkeiten von Artikulation auseinander, damit, wie es möglich ist, eigene Worte zu finden. Sie schreibt: »Um das Wort zu finden, oder wiederzufinden, ist es notwendig, als erstes auf die eigene symbolische Unabhängigkeit zu verzichten – die ich hier definiere als ein Beherrschen der Bedeutung der Worte, verknüpft mit der Fähigkeit, sie zu erhalten oder zu verändern –, sich damit zu begnügen, etwas sagen zu können, und im Übrigen auf die Gegenwärtigkeit zu vertrauen.«(Ebd., S. 70 f.) Die Gegenwärtigkeit wird von den Labyrinthfrauen sehr hoch geschätzt. Sich auf das einlassen, was gerade geschieht, präsent sein, geistes-gegenwärtig sein, wie Ursula Knecht dazu sagt, ist wichtig bei den verschiedenen Tätigkeiten im Labyrinth, die nicht planbar sind.

An vier Beispielen möchte ich zeigen, wie die Labyrinthfrauen Themen theoretisch und praktisch aufnehmen.

»Wir sind öffentliche Hausfrauen«

Die Labyrinthfrauen nennen sich auch öffentliche Hausfrauen. Was ist eine öffentliche Hausfrau? Zunächst scheint dies einfach ein Paradoxon zu sein. Die Tätigkeiten der Frauen, die ein Haus erst wohnlich und eine Hausgemeinschaft zu einer Heimat machen, das alltägliche Sorgen, Kochen, Zuhören – diese Tätigkeiten waren traditionell »privat«. Im öffentlichen Raum fanden sie nicht statt, dort wurde diskutiert, geredet, politisiert. Die griechische Akademie des Platon und seiner Nachfolger war eine Gemeinschaft vor allem von Männern. Deren Reden waren öffentlich, während all die anderen wichtigen Tätigkeiten, die vor allem den Frauen zugeordnet wurden, im Verborgenen blieben. Mit dieser Aufteilung blieb also ein großer und bedeutsamer Bereich unsichtbar. Eine öffentliche Hausfrau ist eine Frau, welche die traditionell häuslichen Tätigkeiten nach außen, in die Öffentlichkeit, bringt und sichtbar macht – und dadurch auch die Öffentlichkeit als Haushalt zeigt.

Ursula Knecht formuliert es so: »Alle Menschen verbringen ihr Dasein in einem wie auch immer gestalteten Haushalt. Anders ist menschliches Leben und Überleben nicht möglich. Dennoch ist Haushaltsarbeit nicht als kreative kulturelle Leistung anerkannt. Wenn wir sie hingegen wie hier selbstbewusst und mit Lust in der Öffentlichkeit verrichten, wird sie wertgeschätzt.«(Knecht 2003, S. 82)

Sich selbst als öffentliche Hausfrauen zu zeigen und den Labyrinthplatz als einen öffentlichen Haushalt zu leben, ist ein Ansatz, theoretisches Denken in die Praxis zu bringen und durch diese Praxis schließlich auch das Denken zu verändern. Indem das Labyrinth als ein Außenwohnraum sichtbar wird, wird auch die Tätigkeit der öffentlichen Hausfrauen sichtbar. Indem sie sichtbar werden, wird Anerkennung für ihr Tun erst möglich.

Um Missverständnissen vorzubeugen: Öffentliche Hausfrau zu sein, bedeutet nicht, die Idee zu vertreten, Frauen könnten »nur« Hausfrauen sein, wenn nicht zu Hause, dann halt im öffentlichen Raum. Vielmehr bedeutet es, auf diese Form der Bewertung zu verzichten. Das Labyrinth bietet die Möglichkeit der Performanz. Durch das Ausprobieren einer Idee wie derjenigen des öffentlichen Haushalts entstehen neue Gedanken. Es ist nicht dasselbe, darüber nachzudenken, was eine öffentliche Hausfrau sein könnte, und es auszuprobieren, eine öffentliche Hausfrau zu sein. Von der Praxis wird im zweiten Teil dieses Kapitels die Rede sein und auch davon, was dies wiederum für das Denken bedeuten kann.

Resonanz und Anerkennung

Die öffentlichen Hausfrauen des Labyrinthplatzes und ihre Arbeit erhalten viel Resonanz. Auch Anerkennung erhalten sie, jedoch manchmal weniger, als sie sich wünschen würden. Was ist der Unterschied zwischen Resonanz und Anerkennung? Welches von beiden ist erstrebenswert? Und wie wird es erreichbar?

Andrea Günter beschäftigt sich differenziert mit den Begriffen Anerkennung und Autorität in ihrem Buch »Weltliebe« (Günter 2003, S. 265 ff.). Anerkennung gehört nach ihr zum Spiel der Macht um die Macht. Anerkannt werden bedeutet, von einer äußeren Macht positiv beurteilt zu werden. Die Definitionsmacht über das, was lobenswert ist und also Anerkennung verdient, wird anderen, »höher Gestellten«, gegeben (vgl. ebd.).

Resonanz hingegen ist etwas, das von Gleichgestellten kommt, etwas, worum sich niemand bewerben muss noch kann.

An einem Beispiel lässt sich dies verdeutlichen: Wenn das Labyrinth den Gleichstellungspreis der Stadt Zürich erhielte, so wäre dies eine öffentliche Anerkennung und Würdigung der Arbeit. Der Stadtrat (eine Instanz der »äußeren Macht«) verleiht jedes Jahr diesen Preis, mit dem auch eine Geldsumme verbunden ist. Das bedeutet konkret, dass ein Gremium über den Wert verschiedener Projekte, die sich bewerben, entscheidet, diese vergleicht und am Ende eines auswählt. Es ist eine Anerkennung »von oben«, von einer Behörde.

Im Gegensatz dazu ist Resonanz das, was täglich von den Besucherinnen und Besuchern des Labyrinths geäußert wird. Resonanz ist eine Rückmeldung auf gleicher Ebene, von einzelnen Menschen, denen das Labyrinth gefällt. Resonanz ist das konkrete Eingehen auf die Arbeit der Labyrinthfrauen, auf Einzelnes. Sie ist hierarchiefrei.

Die leitende Frage bei der Anerkennung ist meist: *Wer* gibt mir die Anerkennung? Bei der Resonanz hingegen ist es wichtig, *worauf* ich sie bekomme.

Sollten wir also auf die Anerkennung verzichten und bei der Resonanz bleiben? Die negativen Aspekte des Strebens nach Anerkennung sind klar; Andrea Günter hat es so formuliert: »Wenn Frauen ihre Anerkennung fordern, machen sie sich davon abhängig, anerkannt zu werden, und stärken die Macht derjenigen, von deren Anerkennung sie abhängig sind.« (Ebd., S. 266)
Dennoch kann Anerkennung auch positive Auswirkungen haben. Wenn die Arbeit der öffentlichen Hausfrauen von öffentlichen Instanzen anerkannt wird, kann dies auf die privaten Haushalte zurückwirken. Resonanz hat direkten Einfluss auf die einzelnen Menschen und kann viel bewirken, auch in deren privaten Leben. Anerkennung schafft gesellschaftliche Sichtbarkeit und ermöglicht es, mehr Personen als die direkt angesprochenen zu erreichen.
Anerkennung und Resonanz sind beides Aspekte von Öffentlichkeit. Wie gehen wir damit um?

Autorität und Macht: »Die Chefin ist die, die gerade da ist.«

Öffentliche Hausfrauen, ein Platz, der vor allem durch Resonanz lebt – das ist etwas Ungewöhnliches. Um mehr zu erfahren oder vielleicht auch aus Gewohnheit (»überall gibt es Chefs, es muss auch hier so etwas geben!«), wird manchmal der Wunsch geäußert, mit »dem Chef, der Chefin« zu sprechen. Wer entscheidet, was wichtig ist? Wer ist Ansprechperson für BesucherInnen und Wissbegierige? Und wer hat ein Recht, Verhalten zu kritisieren, um etwas zu bitten, etwas gar zu verbieten auf dem Platz?
»Die Chefin ist die, die gerade da ist«, sagen die Frauen. Wer den Labyrinthplatz betritt und dort mit einer Labyrinthfrau spricht, spricht mit der Chefin. Wie funktioniert eine Gemeinschaft, in der jede Chefin ist?
Dieses »Chefin-Sein« jeder Einzelnen als Autorität zu bezeichnen, kann vielleicht als problematisch angesehen werden, da dem Wort »Autorität« ein negativer Beigeschmack anhaftet. »Autoritär« im umgangssprachlichen Sinn sind die Labyrinthfrauen nicht. Was ist also hier mit Autorität gemeint? Das Wort Autorität kann von lat. »augere« (»mehren«)

hergeleitet werden. Günter (2003) bezieht das Wort zurück auf den griechischen Wortstamm »aug«, als »auxano« wie »phyein« »wachsen« und als »augazo« »mehr sehen/den Glanz sehen« bedeutete. Autorität in dieser Tradition verstanden beruht auf Beziehungen. Sie ist die »menschliche Seite des phyein« (ebd., S. 21). Inhalte und Beziehungen zu verbinden, Brücken zu schlagen, Lücken zu bilden und Ungleichheit produktiv zu machen, sind weitere Merkmale von Autorität (ebd., S. 268). Autorität und Macht sind daher nicht dasselbe, sondern im Gegenteil: Autorität ist die Alternative zur Macht. Die »Chefin« wird nicht durch eine äußere Instanz bestimmt; sie trägt kein Krönchen.

Vielmehr autorisieren sich die Labyrinthfrauen gegenseitig, indem sie einander vertrauen und sich gegenseitig etwas zutrauen. Autorität wird von ihnen, wie beschrieben, als abhängig von Beziehungen verstanden und als in Beziehungen entstehend. Es ist in diesem Sinn nicht möglich, sich selbst zur Autorität für andere zu erklären, sondern die Zuschreibung von Autorität ist hier etwas Wechselseitiges (vgl. dazu Günter 1998, 2003). Die Frau, die gerade anwesend ist, hat das Vertrauen der anderen. Jede reagiert anders auf die BesucherInnen und auch anders auf Herausforderungen wie Drogenkonsum oder das Ausreißen von Pflanzen. Die Frauen in ihrer Verschiedenheit prägen gemeinsam den Platz und stärken einander. Die Struktur und Organisation der Labyrinth-Gruppe wird von ihr selbst anstelle von Statuten so beschrieben (Auszug): »Der Einsatz der Frauen ist sehr unterschiedlich. Einige investieren viel Zeit, andere wenig, je nach ihrer beruflichen und/oder familiären Situation. Aber jeder Beitrag wird von allen wertgeschätzt. Wir sind unterschiedliche – was Ausbildung, Beruf, Lebensweise, Familiensituation etc. anbelangt –, eigenständig denkende Frauen, die sich selbst und ihren Einsatz gut einschätzen können. Wenn eine Projektfrau eine Aufgabe übernimmt, können sich die anderen darauf verlassen, dass sie ausgeführt wird. Was uns verbindet, ist die ›Liebe zum Labyrinthplatz‹ und der Wille, ihn zu erhalten, die Freude an dieser Form des öffentlichen Tätigseins und daran, an einem neuen politischen Kulturmuster mitzuwirken. Das ist die einzige Verbindlichkeit, die wir miteinander eingegangen sind. Jede hat einen anderen – ihren eigenen – Zugang zum Labyrinth.«

Diese Form von gegenseitigem Autorisieren kann vielleicht auch als weibliche Autorität verstanden werden, wobei weibliche Autorität mehr meint als Autorität, die Frauen beispielsweise aufgrund einer gesellschaftlichen Position haben. Luisa Muraro hat die Bedeutung dieser Form von Autorität betont, indem sie beklagt, dass sie noch zu selten sichtbar werde: »Und eine notwendige Arbeit wurde noch nicht geleistet: die Übertragung der weiblichen Autorität aus ihren eher traditionellen Kontexten (Familie, Erziehung, Religion, Pflege-Betreuungsarbeit) in die öffentlichen Orte der neuen weiblichen Präsenz, die traditionell männlich geprägt sind.« (Muraro 2006, S. 101). Der Labyrinthplatz, gerade auch verstanden im Sinn eines Ortes, an dem gedacht werden soll und kann, ist ein öffentlicher Ort. Ein öffentlicher Haushalt, der von Frauen geprägt ist und in dem weibliche Autorität gelebt werden kann.

Unbezahlbarer Eigensinn – unbezahlbare Arbeit: Vom Umgang mit Geld

»Die freiwillige und in diesem Sinn unbezahlbare Tätigkeit hebt sich als Arbeit auf und wird zum gemeinsamen, also pluralen Handeln. Politisch Tätigsein geht nicht von der planbaren Herstellbarkeit von Perfektion aus; sie entbehrt jeder Zweckrationalität, sie ist sich selbst Zweck.« (Krondorfer 2008)

Ein Plädoyer für das Ehrenamt hat Birge Krondorfer, Philosophin aus Wien, bei einer Labyrinthveranstaltung mit dem Titel »Unbezahlbarer Eigensinn« (am 11. Mai 2009) gehalten. Über 25 Jahre lang hat sie sich – unbezahlt – in der Frauenbewegung engagiert und oft fiel in dieser Zeit das Stichwort »Selbstausbeutung«. Sich von diesem Wort und den zugrunde liegenden Vorstellungen zu verabschieden, um auch bei der Diskussion im Labyrinth, andere Aspekte der »geschenkten Arbeit« (Danke an Dorothee Markert für diese Formulierung; das Wort »Ehrenamt« missfiel mir seit jeher! Vgl. Markert 2010) in den Vordergrund zu stellen, war ein wichtiger Punkt in ihrem Plädoyer. Andere Aspekte, das wären zum Beispiel, wie oben angedeutet, die Freiwilligkeit und damit verbundene Freiheit, zu entscheiden, was getan wird und wie es getan werden soll.

Diese anderen Aspekte spielen auch für die Labyrinthfrauen eine wichtige Rolle. Auch sie machen ihre Arbeit zum großen Teil unbezahlt. Nur die Frauen, die für die gärtnerische Arbeit verantwortlich sind, erhalten ein kleines Honorar, ebenso wie die eingeladenen Gäste, Referentinnen und Künstlerinnen. Ein sehr großer Teil der Planung, des Präsentseins im Labyrinth, des Lebens auf diesem Platz wird von den Frauen geschenkt. Als »Selbstausbeutung« sehen sie es nicht. Was bedeutet dieses Wort eigentlich genau? Gemeint ist, wie auch in der Diskussion mit Birge Krondorfer deutlich wurde, dass Frauen statt bezahlter Arbeit unbezahlte Arbeit tun und sich damit in einen privaten Bereich abdrängen lassen. Den Gewinn, so wird unterstellt, machen andere. (Oder wie sonst sollte »Ausbeutung« im Zusammenhang mit »selbst« gedeutet werden? »Ausbeutung« ist ein Begriff, der eine hierarchische Beziehung charakterisiert, bei der eine Partei einseitig Nutzen aus der anderen zieht. »Selbstausbeutung« ist in diesem Sinne ein paradoxer Ausdruck.) Die Auffassung, es gebe so etwas wie »Selbstausbeutung« hängt unter anderem vermutlich mit einem wenig differenzierten Begriff von Arbeit zusammen. Als Arbeit wird einerseits eine anstrengende Tätigkeit, eine Last, verstanden. Andererseits bildet die Arbeit in diesem Denken auch einen Lebensinhalt – »Karriere« zu machen, »etwas« zu erreichen, ist wichtig. Geschenkte Arbeit hat in diesem Schema keinen Platz. Sie ist nicht sichtbar, ihr Wert nicht bezifferbar, also ist sie so gut wie nichts wert. (Vor diesem Dilemma stehen die Labyrinthfrauen jeweils beim Reporting an das Sozialdepartement: Die »Leistung« soll ausgewiesen werden – welchen Wert hat eine »ehrenamtliche Stunde«?) Die Arbeit der Labyrinthfrauen ist jedoch eine Tätigkeit, bei der es nicht um den Tauschwert geht. Es ist ein Teilen und Verschenken. Noch einmal in den Worten von Krondorfer: »Diese Art der Selbstlosigkeit – im Unterschied zur heute erforderten Selbststeigerung – mag luxuriös wirken (– »wer es sich eben leisten könne, unentgeltlich Zeit zu investieren«, ist ein sich wiederholender Einwurf –). Aber es braucht keinen materiellen Reichtum, um das scheinbar Überflüssige – einen anderen Reichtum – wollen zu können. Der mögliche Vorwurf, es würden damit die typische weibliche Selbstausbeutung sowie prekäre Arbeitsverhältnisse prolongiert werden, trifft dort nicht zu, wo es eben nicht um Tausch geht, sondern um ein sich Verschenken jenseits der Verwertbarkeit.« (Krondorfer 2008)

Die geschenkte Arbeit stößt eher auf Resonanz als auf Anerkennung. Die Labyrinthfrauen gehen von dem aus, was sie für not-wendig halten (ein Motto des Jahres 2010). Sie verzichten aber dennoch nicht auf die Kommunikation mit der Außenwelt. In verschiedenen Veranstaltungen setzen sie sich mit ihren eigenen Vorstellungen von Arbeit, von Not-Wendigkeit und vom Wert des Geldes auseinander. Ein konkretes Beispiel hierfür möchte ich im zweiten Teil meines Textes noch anführen.
Die Haltung der Labyrinthfrauen zu ihrer unbezahlten und unbezahlbaren Tätigkeit deckt sich mit der Beschreibung von Antje Schrupp:
»Selbst machen bedeutet nicht, sich ausbeuten zu lassen. Es bedeutet, sich die Regie nicht aus der Hand nehmen zu lassen, sich nicht als Spielball der Verhältnisse zu sehen, sondern als Akteurin. Als eine, die gemeinsam mit anderen die Welt gestaltet, weil sie es wichtig findet, dass alle sich wohl fühlen, dass alle zu essen und trinken haben und dass niemand traurig und allein in der Ecke stehen muss.«(Schrupp 2007, S. 194)

Kehrtwende

KEHRTWENDE

DenkBar – Akademie unter freiem Himmel

Caroline Krüger

Von der Praxis zur Theorie

Auf einem Platz in der Nähe der Kaserne ist ein Festival im Gang. Die Menschen, die das Fest besuchen, spazieren auch durch den Zeughaushof und treffen auf den Labyrinthplatz. Dort haben wir an diesem Sonntagnachmittag Kinder zu einer Spielaktion eingeladen. Limonade und Wasser stehen bereit für die Durstigen. Ein dunkelhäutiger Mann, vom Festgelände herkommend, fragt nach einem Glas Wasser. Er will bezahlen und als wir ihm erklären, dass dieses Glas Wasser nichts kostet, schüttelt er den Kopf. Das könne er nicht glauben, es sei das erste Mal in Zürich, dass er etwas gratis erhalte.

Was bedeutet es konkret, eine öffentliche Hausfrau zu sein?

Das Beispiel oben gibt einen Eindruck davon, wie es sich anfühlt, mit öffentlichen Hausfrauen in Kontakt zu kommen; im öffentlichen Raum einen herzlichen Empfang zu erleben, etwas, und sei es auch einfach ein Glas Wasser, geschenkt zu bekommen, dazu Aufmerksamkeit und freundliche Worte.

Solche Beispiele gibt es viele. Die »Urszene« des Labyrinthplatzes Zürich könnte vielleicht folgendermaßen umschrieben werden:

Da steht eine Person oder eine Gruppe unter dem Tor, am Eingang zum Labyrinth, unschlüssig und/oder neugierig. Eine der anwesenden Labyrinthfrauen spricht sie an, grüßt, lädt ein. Oft ergeben sich daraus eindrückliche Begegnungen, manchmal tiefe Gespräche. Auf dem Paradeplatz passiert so etwas eher nicht. An anderen Orten in Zürich kostet ein Glas Wasser 2 Franken.

Was macht den Unterschied? Dadurch, dass die Labyrinthfrauen sich als öffentliche Hausfrauen verstehen, verstehen sie ihren Platz, das Labyrinth, als einen Außen-Wohnraum, als einen wohnlichen Ort, der einladend ist. Zu so gut wie jeder Veranstaltung gibt es auch etwas zu essen und Tee aus den Kräutern, die im Garten wachsen. Die Frauen sind, wenn sie anwesend sind, ganz da – gegenwärtig und geistesgegenwärtig. Sie lassen sich stören, sie hören zu, sie gestalten den Garten. Sie sind Gastgeberinnen. Im Unterschied zu einem »privaten« Haushalt steht dieser Außenwohnraum allen offen. Die Labyrinthfrauen schotten sich nicht ab, sie verhandeln mit allen. Auf der Wiese neben dem Labyrinth ist ein Treffpunkt von Randständigen. Die Leute, die dort sitzen, sind oft im Gespräch mit den Labyrinthfrauen; sie helfen auch manchmal bei den Arbeiten. Es gibt kaum Vandalismus, obwohl die Frauen vor 20 Jahren davor gewarnt wurden (vgl. das Kap.: »Kultivieren – eine Stadt ist im Bild«).

Im Jahr 2010 fand eine Veranstaltungsreihe »Generationengespräche« statt. Es ging bei diesen Gesprächen auch um die Geschichte der Frauenbewegung. Das Jahr 2011 hat dazu einige Jubiläen zu bieten: 40 Jahre Frauenstimmrecht in der Schweiz, 30 Jahre Gleichstellungsartikel, 20 Jahre öffentlicher Frauenplatz Labyrinth in Zürich. Warum und inwiefern ist der Labyrinthplatz ein Frauenplatz? Diese Frage wird ab und zu gestellt und sie ist auch verknüpft mit der Frage nach der Rolle einer öffentlichen Hausfrau. Sollten die Frauen nicht danach streben, gleiche Rechte zu haben, beziehungsweise sollten sie jetzt nicht damit aufhören, nachdem sie soviel erreicht haben? Ist der Labyrinthplatz für Männer verschlossen? Kann ein Mann eine öffentliche Hausfrau sein?

Das Labyrinth ist ein Ort, der das Denken des Entweder-oder durch das Denken des Sowohl-als-auch ergänzen kann. Dies bedeutet manchmal, dass das gewöhnliche, alltägliche Denken ein bisschen geschüttelt wird, damit es sich neu formieren kann. Die Verwunderung über das selbstverständliche Auftreten der öffentlichen Hausfrauen (die zum Beispiel der durstige Mann erlebt hat) ermöglicht es, die Welt einmal als Haushalt anzusehen (und nicht als Markt, vgl. Praetorius 2002).

Wenn wir dieses Denken ausprobieren, bemerken wir: Männer können auch öffentliche Hausfrauen sein, genauso wie Frauen Managerinnen sein können. Der Labyrinthplatz ist für alle Menschen offen, die Gastgeberinnen sind jedoch die Frauen. Die Labyrinthfrauen sind nicht daran interessiert, Rollen festzuschreiben. Das Streben nach dem, was fehlt oder gefehlt hat (Rechte, die Frauen sich erkämpft haben), ergänzen sie durch das Genießen und Zeigen dessen, was vorhanden ist. Sie möchten aus dem Reichtum, den sie haben, dem geschichtlich weiblich konnotierten Reichtum des Haushaltes, schöpfen. Teilhaben können alle BesucherInnen. Vielleicht kann das Erleben der öffentlichen Hausfrauen etwas Anerkennung für diese Tätigkeiten auch in den jeweils eigenen privaten Bereich hinüberretten.

Resonanz und Anerkennung – ein Umsetzungsversuch

»Gerne bin ich in Ihrer Adresskartei aufgeführt als Unterstützerin, die Ihnen regelmäßig einen Beitrag spendet oder Zeit spenden kann für Gartenarbeit, d.h. gerne spende ich auch von meiner Ferienzeit, so gut ich das zu planen vermag – ich möchte das Labyrinth, vor allem dieses Gartenlabyrinth, in ›mein Leben einbauen‹.« (Aus einem Brief)

Dieses Zitat ist ein Beispiel für Resonanz. Die Labyrinthfrauen erhalten oft ermutigende Post; sie erleben im persönlichen Gespräch mit BesucherInnen die Wertschätzung, die ihnen und dem Platz entgegengebracht wird. Im Dialog erfahren sie, wer das Labyrinth wann besucht und weshalb schätzt (und vieles erfahren sie auch nicht, bemerken vielleicht später Spuren von Besuchen in Form von Dekorationsstücken). Diese Rückmeldungen sind wertvoll. Sie bestärken die Frauen darin, dass sie seit 20 Jahren etwas Sinnvolles tun, dass das Labyrinth noch gebraucht und geliebt wird. Menschen, die Labyrinthveranstaltungen besuchen, nehmen etwas mit und lassen etwas da.

Ein Beispiel:
Eine junge Frau hatte mit drei anderen zusammen zum Feuerlabyrinth 2009 die Gelegenheit genutzt, einen Wunsch zu äußern. Einer der Wünsche war allgemeiner gefasst als die anderen (siehe Kap.: »all-täglich und gleich-gültig«). Er drückte einerseits die Verbundenheit mit anderen, andererseits auch die Abhängigkeit aller von allen aus. Der Gedanke, den Menschen als grundsätzlich abhängig zu begreifen, und aus diesem Bewusstsein Beziehungen zu anderen zu gestalten, sprach diese Frau an. Sie wollte sich an Labyrinthaktivitäten beteiligen und begann zunächst, in der Gesangsgruppe mitzumachen. Später moderierte sie eine Veranstaltung in der Reihe Generationengespräche (»Gegenwart im Gespräch von Generation zu Generation – Erinnerungen an den Frauenbuchladen Zürich und an Greenham Common«) und wurde so Teil eines Generationen übergreifenden Austauschs. Resonanz ist nicht nur Lob, sondern zeigt sich auch in solchen und ähnlichen Geschichten. Sie hält den Platz lebendig und ist daher von unverzichtbarer Bedeutung.

Bedeutet das nun also, dass Anerkennung überflüssig ist, verzichtbar? Wahrscheinlich nicht. Das eine, die Resonanz, genießen und das andere, die Anerkennung, dennoch erstreben, ist möglich. Es ist Ausdruck des im Labyrinth gelebten »Sowohl-als-auch«. Anerkennung bringt Sichtbarkeit und ist daher auch wichtig. Durch öffentliche Anerkennung finden Ideen wie diejenige der öffentlichen Hausfrau auf anderen Bahnen weitere Verbreitung und können in anderer Weise auf die Gesellschaft zurückwirken. Der Fokus der Labyrinthveranstaltungen liegt jedoch nicht im Streben nach öffentlicher Anerkennung. Es werden eigene Ideen umgesetzt, nicht im Hinblick auf die »Verwertbarkeit« in Bezug auf öffentliche Anerkennung. Das Labyrinth lässt viele Formen zu. Resonanz finden die Frauen seit den Anfängen. Im zwanzigsten Jahr wäre auch Zeit für öffentliche Anerkennung.

Autorität und Macht – von der Kraft der Beziehungen

Eine Chefin im klassischen Sinn gibt es auf dem Labyrinthplatz nicht. Es gibt keine, die sagt: »Was ich sage, wird gemacht, so und nicht anders.« Die Labyrinthfrauen setzen nicht auf von außen verliehene Macht, sondern auf Beziehungen, auf Gespräche und auf Vertrauen. Sie geben sich gegenseitig Autorität, indem sie einander in ihrer Verschiedenheit schätzen.
Autorität als ein Wachsen zu sehen (im Sinne des griechischen »auxano«) passt gut zu einem Pflanzen-Labyrinth. Es ist keine abstrakte Autorität, von der hier die Rede ist, sondern es geht um konkrete Dinge: Was tun, wenn Leute im Labyrinth sitzen und Bier trinken, wenn sie den Abfall liegen lassen, wenn sie hinein pinkeln? Ist die Autorität der Labyrinthfrauen auf ihre Beziehung zueinander begrenzt? Wie sieht es aus, wenn die Außenwelt ins Spiel kommt? Der Labyrinthplatz ist ein öffentlicher Platz und allen zugänglich – ein Prüfstein für einen Autoritätsbegriff, der auf Beziehung setzt.
Ursula Knecht erzählt, wie die Randständigen-Szene neben dem Labyrinth auf Bitten der Frauen reagiert:

Wir bitten darum, im Labyrinth keinen Alkohol und keine Drogen zu konsumieren. Wenn die Frauen vom Labyrinth das sagen, machen die Leute es auch. Sie gehen raus und nehmen auch die Bierflaschen mit. Wir haben von Anfang an mit den »Alkis« eine Beziehung gepflegt. Wir kennen sie, und sie kennen uns. Sie respektieren unsere Arbeit. Wenn jemand anders allerdings etwas zu ihnen sagt, dann reagieren sie schon mal ärgerlich: »Du hast hier nichts zu melden.«

Wenn eine neue Frau zu unserer Gruppe hinzukommt, gehen wir mit ihr zu den Randständigen hin und stellen sie vor. Wir zeigen damit ihre Zugehörigkeit zu uns und bitten, auch auf sie zu hören. Die Autorität der Frauen beruht nicht nur auf den Beziehungen, die sie zueinander haben, sondern auch auf denen, die sie zur Umgebung haben. »Die Chefin ist die, die gerade da ist« ist deshalb wahr, weil sie als solche akzeptiert wird – von den anderen Frauen und von der umgebenden »Szene«.

Unbezahlbarer Eigensinn – unbezahlbare Veranstaltungen: Vom Umgang mit Geld

»Die Veranstaltungen sind unentgeltlich, weil unbezahlbar.« Dies steht oft auf dem Labyrinthprogramm, auf einzelnen Veranstaltungsflyern und unter den Mails, mit denen wir über unsere Aktivitäten im Labyrinth informieren. Das Unbezahlbare, das sich der Tauschökonomie entzieht, ist ein Aspekt der Tätigkeit der Labyrinthfrauen. Dennoch leben sie ja auch in der Welt und sind mit Geld und Geldproblemen konfrontiert. Sie arbeiten mit »bezahlten« Mitarbeitenden zusammen und erhalten Geld von der Stadt für die Finanzierung der Veranstaltungen. Diese Kooperationen führen zu neuen Kontakten, die auch interessant sind. In einer Mail an das Sozialdepartement zeigt sich, wie stark diese Verzahnung von bezahlter und unbezahlter Arbeit ist: »Ich hatte Ihnen versprochen, noch die Anzahl Stunden Professionelle für das Leistungsblatt Freiwilligenarbeit anzugeben. Regula Farner schätzt, dass sie im vergangenen Jahr etwa 160 Arbeitsstunden für die Betreuung und Begleitung von freiwilligen MitarbeiterInnen im Garten aufwandte (unter ihnen regelmäßig BezügerInnen einer Invaliden-Rente aus psychischen Gründen, gelegentlich Methadon-BezügerInnen, regelmäßig Kinder). Das ist ca. die Hälfte der bezahlten Präsenzzeit im Labyrinthgarten.« Engagement, geschenkte Arbeit und bezahlte Arbeit sind hier also keine Gegensätze, sondern ein Miteinander, das reflektiert werden muss, immer wieder und auf verschiedene Weise.

Kein Wunder also, dass es neben Diskussionsveranstaltungen wie »Unbezahlbarer Eigensinn« im Labyrinth auch Performances gibt, die zum Nachdenken anregen. Ursula Knecht erzählt von der Veranstaltung »Geld waschen«:

Im Kasernenareal steht auf einer Wand »und Geld stinkt doch« – ein gesprayter Spruch, der auf vielen Fotos von Labyrinthveranstaltungen zu lesen ist. Es lag nahe, sich damit zu beschäftigen. Die Labyrinthfrauen beschlossen, einmal im wörtlichen Sinne Geld zu waschen, so wie es Hausfrauen machen, wenn Socken stinken. Im Brunnen neben dem Labyrinth wuschen sie Kleingeld und verteilten die Zweifränkler und Fünffränkler dann an die BesucherInnen. Mit der Geldverteilung verbanden sie den Auftrag, das nunmehr saubere Geld in Umlauf zu bringen, so dass es auf gute Weise zirkulieren könne. Das Geld sei ja dazu da, um zu zirkulieren, und nicht, um gehortet zu werden. (Siehe dazu den kurzen Film von Ursula Knecht 2010 auf YouTube.)

Mit Geld waschen verbindet sich im Allgemeinen der Gedanke von bei Banken gehorteten großen Summen unlauterer Herkunft. Indem die Labyrinthfrauen Geld im eigentlichen Sinn des Wortes wuschen, schufen sie eine Möglichkeit, darüber nachzudenken, was für jede und jeden Einzelne/n »sauberes Geld« bedeutet und welche Verwendung die beste sein könnte.

»Öffentliche Hausfrau«, Resonanz und Anerkennung, Autorität und Macht, unbezahlbare Veranstaltungen – das sind nur vier Beispiele aus unzähligen, die im Verlauf der 20 Jahre auf dem Zürcher Labyrinthplatz erlebbar wurden. Bei einigen Themen steht zuerst eine Überlegung (z. B. »Wie organisieren wir uns?«), bei anderen gibt es äußere Anstöße (wie z. B. das Graffiti »und Geld stinkt doch«). Die Labyrinthfrauen nutzen die Chancen ihres Platzes, der Raum für geistige und praktische Tätigkeit bietet – sie knüpfen Beziehungen auch an den Rändern, denn das Labyrinth ist keine geschlossene Struktur.

all-täglich & gleich-gültig

Ursula Knecht

Spiritualität und Labyrinth – Ein Briefwechsel

Liebe Beate,
wie du weißt, schreiben wir ein Buch zum Labyrinthplatz Zürich. In diesem Buch sollen auch Gedanken und Erfahrungen zur Spiritualität Eingang finden. Viele Menschen verbinden Labyrinth und Spiritualität miteinander. Ich selbst habe eher Mühe mit diesem Begriff, vermeide ihn, wenn möglich, weil er oft Missverständnisse produziert. Darum meine Frage an dich: Magst du mit mir ein Gespräch führen zu diesem Thema? Wenn ich mich richtig erinnere, sagtest du mal, der Labyrinthplatz sei ein spiritueller Ort für dich. Was meinst du damit?

Liebe Ursula,
deine Frage, warum der Labyrinthplatz ein spiritueller Ort für mich sei, hat mich beschäftigt und ich habe versucht, mich zu erinnern. Es muss im Frühjahr gewesen sein. Mehrmals wollte ich das Labyrinth besuchen, um mich zu sammeln und inspirieren zu lassen. Aber jedes Mal war das Labyrinth »besetzt«. Alkoholiker saßen da, tranken ihren Stoff, am Boden lagen Bierdosen, sie redeten laut, gestikulierten, schimpften oder waren auch einfach in sich gekehrt. Mich störte das. Manchmal ging ich wieder, ohne das Labyrinth zu betreten. Ich sprach dich darauf an, du hast um Verständnis gebeten. In diesem Zusammenhang appellierte ich, dass die »Alkis« das Labyrinth genau so respektieren, wie sie das mit einer Kirche, einer Moschee, einem Tempel oder einer Synagoge tun würden. Für mich war es der Anspruch, mich im Labyrinth sicher zu fühlen, mich ungestört bewegen zu können, zur Ruhe zu kommen nach der alltäglichen Hektik. Ja, ich würde das Labyrinth genauso aufsuchen, wie ich eine Kirche aufsuche, mit demselben Bedürfnis. Es wäre für mich eine Art Gebets-, Meditations- und Andachtsraum, ein Ort der Stille und Betrachtung. Das ist für mich mit Spiritualität verbunden. Mich dem eigenen Geist zuwenden und vielleicht in Verbindung treten mit ... – aber da wird es schwierig, weil ich zwar katholisch sozialisiert bin, aber mich im Laufe meines Lebens sehr kritisch mit dem katholischen Glauben und der christlichen Religion auseinandersetzte, mich auch mit anderen Religionen befasste, mit vielen Texte von Menschen, die nach Sinn und Erfüllung suchen. Vielleicht möchte ich mit dem Geist der Welt in Verbindung treten, ich könnte es auch Weltseele nennen. Jedenfalls hat es mit Horchen zu tun, mit Nachdenken und Nachspüren in mich hinein und aus mir heraus.
Die Praxis aber, die du und deine Labyrinthgefährtinnen entwickelt haben, hat meinen Anspruch in Frage gestellt. Ich weiß bezüglich des Kasernenhof-Labyrinthplatzes nicht mehr, ob ich dies vom Labyrinth erwarten kann oder ob ich je nach Lage und Umgebung eines Labyrinthes entscheiden muss. Sehr gerne hätte ich ein Labyrinth, wo ich diese Ruhe und Beschaulichkeit finde. Ist das Labyrinth für mich der Ersatz für Kirche geworden? Ist es ein Ort der Inspiration? Ist es das Labyrinth oder sind es die Frauen, die das Labyrinth ermöglichen?

»Wo zwei oder drei in meinem Namen versammelt sind, da bin ich mitten unter euch.« Wer ist das? Ist es der Christus? Oder ist es ein Effekt, der entsteht, wenn sich Menschen und in diesem Fall Frauen versammeln und miteinander in Beziehung treten, das Gespräch suchen? Es sind Frauen, die ich bereits kannte, die mir das Labyrinth als Bild näherbrachten und mir den Zugang verschafften. Es wurde für mich ein Sinnbild für das Leben, mit all den Wünschen, die ich hineinprojiziere. Ich schöpfe viel Kraft aus diesen Treffen auf dem Labyrinthplatz. Ich fühle mich aufgenommen, kann mich einbringen, werde angehört, bekomme Anregungen und habe ein tiefes Gefühl von Zugehörigkeit und Verbundenheit. Das sind für mich die wichtigsten Elemente von Spiritualität.

Liebe Beate,
vielen Dank für deine differenzierte Antwort. Ich versuche jetzt, auf einzelne Punkte einzugehen. Das Labyrinth als Ort der Stille, der Meditation, das du aufsuchst, ähnlich wie du früher vielleicht eine Kirche aufgesucht hast, diesen Aspekt hat das Labyrinth für mich kaum, jedenfalls nicht prioritär. Doch ich weiß aus Gesprächen mit vielen und verschiedenen Menschen, dass sie das Labyrinth als einen Ort des Rückzugs, der Besinnung erleben und brauchen. Eine Frau hat mal von einem »sakralen Raum« gesprochen. Diese Aussagen freuen mich und ich wundere mich, dass das möglich ist mitten in diesem turbulenten Viertel auf einem öffentlichen Platz. Ich beobachte auch immer wieder Menschen, die in einer meditativen Haltung den Labyrinthweg gehen.
Nun bin ich ja seit den Anfängen dabei, bereits in der Planungsphase, dann beim Bau des Labyrinths und während all der Jahre. Der Labyrinthplatz ist für mich vor allem ein Ort, wo ich tätig bin: im Garten, bei der Vorbereitung, Durchführung und Nachbereitung der Veranstaltungen und als Ansprechpartnerin für BesucherInnen. Ich versuche zwar immer, wenn ich dort bin, einen – meinen – ganz persönlichen Gang durchs Labyrinth zu machen und mich dabei nicht stören zu lassen. Aber das sind seltene Momente, wo ich das Labyrinth ganz für mich allein brauche.
Ich habe immer mal wieder versucht, darüber nachzudenken, was Spiritualität für mich bedeutet. Vor Jahren las ich einen Satz des Befreiungstheologen Jan Sobrino: »Spiritualität

ist Redlichkeit und Treue gegenüber dem Realen.« (Sobrino 1996, S. 205) Das kommt dem, was für mich Spiritualität ist, sehr nahe. Es bedeutet, den Augenblick wahrzunehmen, ganz präsent zu sein. In dieser Präsenz im und für den konkreten Augenblick versuche ich auf dem Labyrinthplatz »tätig« zu sein. Das würde ich den spirituellen Aspekt meiner Arbeit nennen. Manchmal gelingt es, manchmal nicht.

Wichtig für mich wurde auch, wie Erika Wisselinck 1984 in ihrem Buch *Frauen denken anders* Spiritualität versteht. Sie schreibt, dass die deutschsprachige Frauenbewegung das Wort Spiritualität von den amerikanischen Feministinnen übernommen habe, die es im Sinne von »Frauen-Denken« als »women's spirituality« verwenden. Im Englischen sei der Begriff umgangssprachlicher und habe einen größeren Bedeutungsspielraum. Er steht im weitesten Sinne für Geistigkeit, für das Geistige. »spirited« zum Beispiel bedeutet lebendig, lebhaft, munter, feurig. Wir würden vielleicht sagen »inspiriert«. Diese Bedeutung gefällt mir. Ich kann verstehen, warum der Begriff Spiritualität unter Frauen zu Missverständnissen und Streit führt. Für die einen steht er für Frömmigkeit – in einer spezifisch weiblichen Form –, für Theologie, Esoterik; für andere meint er dieses Moment des geistigen Wach- und Lebendigseins. Ich kann jetzt präziser formulieren, inwiefern für mich der Labyrinthplatz ein spiritueller Ort ist. Er ist ein Ort, an dem ich ganz präsent sein kann, wo ich den Augenblick wahrzunehmen versuche in Treue zum Konkreten. Wo ich dieses Konkrete, Aktuelle aber auch immer überschreiten, transzendieren kann im Hinblick auf größere Zusammenhänge, in Beziehung setzen kann zu meinem eigenen Leben, meiner Geschichte, meinen Sehnsüchten und der Welt als dem gemeinsamen Ort aller Menschen. Das ist eine geistige Herausforderung, die mir hier leichter fällt als andernorts. Ich fühle mich im Welt-Bild Labyrinth aufgehoben, allem was ist verbunden.

Liebe Ursula,

Ich habe keine Einwände oder Gegenpositionen zu dem, was du über Spiritualität sagst. Zur Diskussion möchte ich höchstens deine Perspektive auf das Labyrinth als Arbeitsplatz stellen. Bist du eine Art Tempeldienerin? Eine Sakristanin? Eine Wirtin, eine Hausfrau, die es Frauen wie mir ermöglicht, das Labyrinth als Ort der Besinnung zu erleben?

Ja, ihr seid emsig tätig, offen, gesprächsbereit, helfend, kümmert euch um die Anliegen anderer, tröstend, schlichtend, vermittelnd, sorgend.

Liebe Beate,
schade, dass du keine Einwände und Gegenpositionen hast. Jetzt können wir gar nicht weiterstreiten, oder doch?
Mir ist die Haltung »geistesgegenwärtig sein« eingefallen, die ich mit meiner Vorstellung von Spiritualität verbinde. Katherina hat mal einen schönen Ausdruck dafür gefunden: »im Alltag etwas tief erleben«. Du hast mich im Zusammenhang mit meinem Tätigsein auf dem Labyrinthplatz nach meiner Rolle gefragt und eine Auswahl an Rollenbildern präsentiert. Ich bin vermutlich von allem ein bisschen. Am besten aufgehoben fühle ich mich bei der *Wirtin*. Das ist ein Thema, das mich schon länger beschäftigt, und einige meiner Gedanken dazu sind ja auch ins Büchlein *Sinn – Grundlage von Politik* geflossen. (Frank u. a. 2005, S. 75-80) Außerdem bin ich auch noch Pressesprecherin und so was wie Außenministerin für unser Labyrinth-Projekt.

Liebe Ursula,
das Gespräch über Spiritualität können wir nur weiterführen, wenn du dich als Tempeldienerin, Priesterin oder Sakristanin verstehst. Welches Potenzial läge da drin, wenn du dich aus deiner Wirtinnenrolle in die Rolle der Priesterin begeben würdest? Würde die Priesterin auch für Befriedung sorgen, für das Wahrnehmen der Würde aller, für die Zivilgesellschaft sich einsetzen anstelle des Herbeirufens des Polizeistaates? Wären Alkoholiker auf dem Platz, wenn da PriesterInnen wären? Ist das wie bei den Bettlern vor dem Tempel, die die Scheinheiligen auf die Realität der Welt aufmerksam machen, auf die Bedürfnisse der Blinden, Lahmen und Aussätzigen? Oder wäre die Priesterin eine Unantastbare und der Tempelbezirk heilig? Hätte sie Ordnungskräfte, an die sie das delegiert, was sie stört in ihrem Tun am Altar?

Liebe Beate,
also Priesterin? Aber Priesterinnen werden gewählt bzw. geweiht. Geweiht hat mich niemand. Tempeldienerin ist mir geschichtlich zu weit weg und Sakristanin zu »harmlos«. Vielleicht Wirtin und Hirtin? Ich erfahre den Labyrinthplatz manchmal als »Gemeinde«. Ich kann dort vieles von dem tun, was ich unter anderen Umständen vermutlich in einer Kirchgemeinde tun würde: mit unterschiedlichen Menschen in Kontakt kommen – meine Vision eines Zusammenlebens in Würde »verkündigen« –, einen Platz schaffen, wo Menschen meditieren, zu sich selbst kommen, einander begegnen. Wir sprechen Wünsche aus wie Fürbitten. Wir feiern Feste, die an kirchliche Rituale erinnern (aber natürlich noch älteren Ursprungs sind): das Fest zum Lebensanfang zum Beispiel, Heilig Abend, Erntedank. Es haben schon Menschen hier Abschied gefeiert von Verstorbenen, für Jan, den Alkoholiker vom Stammtisch nebenan, haben wir Blumen gepflanzt. Es haben hier Paare sich das Ja-Wort gegeben und andere sich nach einer Scheidung voneinander verabschiedet, wichtige Geburtstage gefeiert, ArbeitskollegInnen verabschiedet oder willkommen geheißen, ein Diplom gefeiert, sich vor einer Prüfung gesammelt – also manches, wofür andere vielleicht eine Kirche aufsuchen. Ich finde es wichtig und es fasziniert mich, dass es keine strikte Trennung gibt zwischen säkularen und sakralen Bereichen/Räumen. Wir können sie transzendieren, im Alltag die Tiefe, in der Tiefe den Alltag erfahren.
Ob ich eine Prophetin bin? Nun, jede geht das Risiko ein, mal zur Prophetin zu werden. Das kann auch momenthaft, punktuell sein. Ich sehe das nicht unbedingt als Lebensaufgabe, sondern als »im Augenblick geistesgegenwärtig sein«.
Um auf die Priesterin und die Weihe zurückzukommen: Ich bin geweiht von der Welt durch die Geburt. Und eingeweiht in den Umgang mit der Welt durch die Eltern, Geschwister, LehrerInnen, FreundInnen und viele Menschen, die mir im Laufe des Lebens begegnet sind, auch durch dich, liebe Beate. Die Welt ist der Platz, wo wir uns bewegen, Beziehungen vorfinden, neue Beziehungen zu Menschen und Dingen stiften, erneuern und verändern. Der Labyrinthplatz ist ein Stücklein Welt, an dem ich meine Liebe zu ihr ausdrücken kann, wie ich das bisher noch nirgends in dieser Intensität und Vielgestaltigkeit tun konnte.

Liebe Ursula,
manchmal fällt mir das Bild der Schutzmantel-Madonna ein, wenn ich sehe, wie ihr euch schützend vor Menschen stellt, vielen und unterschiedlichen Personen Raum bietet und Zuversicht gebt.

Liebe Beate,
das Motiv der Schutzmantel-Madonna gefällt mir. Allerdings sehe ich im Zusammenhang des Labyrinths nicht uns als Schutzmantel-Madonna, sondern das Labyrinth selbst oder eben den Labyrinthplatz. Denk an die Frau im Logo!

Soweit mein Briefwechsel mit Beate. Zum Abschluss dieses Labyrinthrundganges auf den Spuren von »all-täglich & gleich-gültig« eine kleine Geschichte:

Regula war mit Gartenarbeit beschäftigt und beobachtete eine ältere Frau, die andächtig sehr langsam den Labyrinthweg abschritt. Die Leute am Biertisch neben dem Labyrinth waren offensichtlich in Stimmung, lärmten laut. Regula war unentschlossen, ob sie zu ihnen gehen und mehr Ruhe fordern sollte, um die Frau in ihrer Andacht nicht zu stören. Sie ließ es dann bleiben, kam aber mit der Labyrinthgängerin ins Gespräch, nachdem diese ihren Meditationsweg beendet hatte. Die Frau war begeistert vom Labyrinth, der Vielfalt der Pflanzen, dem langen gewundenen Weg. »Wissen Sie«, sagte sie zu Regula, »das Reden und Rufen von den Tischen drüben war wie das Plätschern eines Baches, manchmal näher, manchmal weiter weg.«

NärrinnenFreiheit & LabyrinthBräuche

Ursula Knecht, Regula Farner, Katherina Morf

Labyrinthbräuche und/oder Rituale

Die verantwortlichen Frauen vom Labyrinthplatz Zürich sprechen lieber von Bräuchen, von Anlässen, Feiern, Veranstaltungen und Traditionen als von Ritualen. Mit Ritual assoziieren viele Menschen Feiern, die nur für einen vertrauten, begrenzten oder geschlossenen Kreis von Eingeweihten verständlich und mit vollziehbar sind. Ein öffentlicher Labyrinthplatz soll aber für alle einladend und zugänglich sein. Die Labyrinthstruktur kennt keine geschlossenen Kreise, jeder Umgang öffnet sich zum nächsten hin. Das kommt auch in der Art und Weise, wie im Labyrinth gefeiert wird, wie Veranstaltungen und Anlässe gestaltet werden, zum Ausdruck. Alltägliche »Rituale«, wie alle Menschen sie leben und erleben, haben natürlich Platz im Labyrinth und werden gepflegt, zum Beispiel das »Ritual der Gastfreundschaft«: einladen zum Eintreten, aufmuntern zum Mitmachen, die

Gäste begrüßen mit einer einleitenden Orientierung zum Zeitrahmen und Ablauf der Feier samt den jeweiligen Spielregeln, etwas zum Trinken anbieten und zum Schluss die Gäste verabschieden.

Im Laufe der Jahre haben wir eine wichtige Erfahrung gemacht: Auf einem Platz, der gebraucht wird, entstehen Bräuche. Ihre jährliche Wiederkehr schenkt Orientierung und Verlässlichkeit im Jahreskreis, lockt viele BesucherInnen an, die sich nicht nur auf den Anlass freuen, sondern auch darauf, Bekannte und FreundInnen wiederzusehen.

Eröffnung der Labyrinth-Saison im Frühling

Es ist Brauch geworden, dass die Zürcher Sängerin La Lupa am Gründonnerstag die Labyrinthsaison eröffnet, indem sie ein altes italienisches Frühlingslied aus der Labyrinthmitte heraus in alle Himmelsrichtungen erklingen lässt. Zu diesem Brauch gehört, dass sich danach Labyrinthfrauen aus den Himmelsrichtungen vernehmen lassen, indem sie zu einem Thema, das sich die Gruppe vorgenommen hat, Gedanken laut aussprechen:

2003 »FriedensstifterInnen« – Stimme aus dem Norden:
»Worte können Frieden stiften – oder Hass säen.
Wir grüßen euch alle, überall in der Welt, die ihr eine achtsame und gewaltfreie Sprache sucht und pflegt, wir wünschen euch Mut und Kraft. Journalistinnen und Journalisten, Anwälte, Richterinnen, die ihr mit Sorgfalt erforscht, beschreibt und aussprecht, was geschieht und was geschehen ist. Eine globalisierte Welt braucht vertrauenswürdige, zuverlässige und einfühlsame Übersetzerinnen und Übersetzer, die Brücken schlagen zwischen den Kulturen. Wir danken allen, die diese verantwortungsvolle Aufgabe übernehmen. Wir grüßen euch, die ihr das aufmerksame und geduldige Zuhören einübt und vermittelt. Eltern, Lehrerinnen und Lehrer, euch, die ihr auf die leisen Töne achtet und die Neugier weckt, zwischen den Zeilen zu lesen. Die Sprache und ihre Bilder haben die Kraft, die Welt immer wieder neu zur Welt zu bringen, indem sie deuten, Sinn stiften

und Zusammenhänge herstellen. Wir geben die Hoffnung nicht auf, dass Worte den Frieden befördern.«

2004 »Ungehaltene Reden« – Stimme aus dem Süden:
»Gegrüßt seid Ihr Frauen, Männer und Kinder des Südens. Wir ehren und achten Eure Lebensweise und Eure Lebensfreude. Stellvertretend für unsere sogenannte Zivilisation bitte ich Euch um Vergebung für die Lebenskraft, die Euch vom Norden weggenommen wurde. Wir wollen aufhören zu denken, ihr seid die Armen, Ungebildeten und wir seien die Reichen und Wissenden. Ihr habt einen anderen Reichtum; den Reichtum des Herzens, der Hoffnung und der Nähe zur Mutter Erde. Viele Menschen bei uns haben Sehnsucht nach dem Süden, nach dem Meer, nach dem Sand, nach Palmen. Wir wollen wahrnehmen, dass unser wirkliches Verlangen die Herzenswärme, die Leidenschaft und die Menschlichkeit ist. Wir wollen wahrnehmen, dass euer Begehren nach materieller Sicherheit und Anteil am materiellen Reichtum lebensnotwendig für uns alle ist. Das Aussprechen, das In-die-Welt-Bringen eurer und unserer Wünsche ermöglicht, dass wir uns gegenseitig mit dem Reichtum, den ihr habt, und jenem, den wir haben, beschenken und beglücken können.«

2005 »Welt gestalten« Stimme aus dem Norden:
»Liebe Frauen und Männer, im Norden ist es länger dunkel und länger kalt. Ich interpretiere das hier und jetzt so, dass sich da auch einiges ansammelt. Es wird ausbrechen. Und wir bekommen die Impulse und formen sie weiter. Im Garten entstehen Pflanzenkompositionen. In der Küche entstehen Menus, die auf den Tisch kommen. In Büros entstehen Entwürfe für Projekte aller Art. Ich wünsche mir, dass Frauen und Männer wach sind und Impulse wahrnehmen. Jede und jeder ist verantwortlich dafür, was sie oder er mit dem Impuls macht. Manchmal ist es gut, ihn einfach an sich vorbeigehen zu lassen. Manchmal ist es gut, ihn aufzunehmen. Ich freue mich über ein klares Zurücktreten und Vorbeiziehenlassen und auch über das bewusste und beherzte Eingreifen.«

2005 »Welt gestalten« – Stimme aus dem Westen:
»Es gibt Zeiten, wo nicht das Tun, sondern das Lassen angezeigt ist. Nicht immer ist es möglich, alle Erwartungen zu erfüllen. Wenn wir ununterbrochen tätig und beschäftigt sind, wenn wir meinen, wir könnten und müssten alles selbst machen, verpassen wir es vielleicht, anderen eine Chance zu geben, tätig zu werden, ihr Wissen, ihre Fähigkeiten zur Welt zu bringen. Auch die Momente des Nicht-Tuns sind wirkmächtig.«

2006 »festhalten und loslassen« – Stimme aus dem Süden:
»Wir grüßen und wir rufen die Kräfte des Südens. Wir ehren die Weisheit der Menschen aus dem Süden, wo der Augenblick zählt und nicht: Was war gestern und was wird morgen sein?
Wenn die Sonne am Zenit und die Zeit wie still steht, jetzt und heute, die Fülle des Gegenwärtigen wahrnehmen. Ganz da sein.«

2009 »Vom Zauber des Notwendigen – Eigensinn im Labyrinth«
Stimme aus dem Norden:
»Manchmal ist es notwendig, einzugreifen und sich die Hände schmutzig zu machen – manchmal ist es notwendig, einfach da zu sein – und manchmal ist es notwendig, sich zurückzuhalten und sich vor Gefahr zu schützen.«

Stimme aus dem Osten:
»Manchmal ist es notwendig, dem Unscheinbaren Raum zu geben – manchmal ist es notwendig, im Raum zu erscheinen – und manchmal ist es notwendig, dem Scheinbaren zu misstrauen.«

Stimme aus dem Süden:
»Manchmal ist es notwendig, Freude und Lust vernehmbar auszudrücken – manchmal ist es notwendig, Schmerz und Wut in die Welt hinauszuschreien – und manchmal ist es notwendig, versonnen zu lächeln.«

Stimme aus dem Westen:
»Manchmal ist es notwendig, zusammenzurücken und die Reihen zu schließen – manchmal ist es notwendig, den Kreis zu öffnen – und manchmal ist es notwendig, Pionierin zu sein und notfalls auch allein unbegangene Wege zu gehen.«

Fest zum Lebensanfang

Das Labyrinth als Symbol für den Lebensweg bietet sich an, die neuen ErdenbürgerInnen willkommen zu heißen. So feiern wir im Zürcher Labyrinth seit vielen Jahren »Das Fest zum Lebensanfang«. »Das Labyrinth begrüßt die Kinder im ersten Lebensjahr mit Blüten, Düften, Klängen« heißt es in der Einladung.

Wenn sich alle beim Tor zum Labyrintheingang versammelt haben, gehen die Großeltern voraus. Sie streuen Rosenblüten auf den Weg als Zeichen, dass sie als Vorgängerinnen und Vorgänger den Neugeborenen den Weg bereitet haben. Dann werden die Kinder von den Familien durch das Pflanzen-Labyrinth getragen.

In der Mitte bekommt jedes Kind einen Klang, eine Melodie oder ein Lied. Manchmal fragen wir die Eltern später, ob der Klang, die Melodie dem Kind entsprochen habe und meistens bekommen wir zur Antwort, es sei genau die richtige gewesen. Oder wir fragen vorher, ob es ein lebhaftes, neugieriges, ruhiges oder vorwitziges Kind sei, und Regula wählt entsprechend das Instrument und die Melodie. Gemeinsam heißen alle die Neuankömmlinge willkommen. Ihre Namen werden auf Stofffähnchen geschrieben. Alle BesucherInnen, Geschwister, FreundInnen, NachbarInnen der Neugeborenen sind eingeladen, ihre Wünsche für die Kinder und für die Welt, in der sie aufwachsen werden, auf die Fähnchen zu schreiben. Mit einem Wiegenlied, angestimmt von der Hebamme Salome, schließt sich der Kreis in der Labyrinthmitte. Die Eltern tragen ihr Kind wieder hinaus durch den blühenden Garten, begleitet von Musik und den liebevollen Blicken der Menschen in der Labyrinthmitte. Im Anschluss an die schlichte Feier sitzen alle noch eine Weile beisammen, trinken, essen, lernen sich kennen, tauschen sich aus. Die Fähnchen mit den Namen und den Wünschen für die Kinder flattern zwischen den Pflanzenbögen während des ganzen Jahres.

Herbst-Abschieds-Feier: Abschied nehmen – danken, lachen, weinen, tanzen, singen

Brief aus Zürich an eine Labyrinthfreundin in Deutschland (2003):

Liebe Bettina,
ich will dir vom Herbst-Abschiedsfest gestern im Labyrinth erzählen, bei dem der Sommer nochmals kräftig eingeheizt hatte. Ich denke, es ist geglückt, und wir haben uns auch viel Zeit dafür genommen.
Am Anfang rollten wir zum letzten Mal in diesem Jahr den Geschichtenteppich aus und Maria las die Kinderbuch-Geschichte von der Feldmaus Frederick vor. Hier die Kurzform: Die sechs Feldmäuse hatten im Sommer kräftig Vorräte an Nüssen, Körner etc. gesammelt für den Winter. Nur die siebte Maus, Frederick, hatte nicht beim Sammeln geholfen. Die anderen hatten ihn natürlich als faul beschimpft. Aber Frederick hatte anderes gesammelt: Sonnenstrahlen zum Beispiel für die kalte Zeit, die Farben des Frühlings, des Sommers, des Herbstes für die dunkle Zeit und viele Wörter für die leere Zeit. Als die Vorräte der anderen Mäuse aufgebraucht waren, es kalt und dunkel und die Mäuse stumm geworden waren, kam Fredericks große Stunde und alle waren froh und dankbar für das, was er gesammelt hatte.
Dann hatten wir ein paar »Posten« für gemeinsame Herbstarbeiten vorbereitet und die Teilnehmerinnen konnten sich eine Arbeit nach Lust und Laune aussuchen: einen Waschzuber samt Waschbrett, um die Gartenhandschuhe zu waschen zum Beispiel. Die drei »Waschweiber« hatten es überaus lustig zusammen, ein herzerquickendes Geschrubbe und Geschnatter. Kübel und Stechgabeln waren bereit, um an den Wegrändern Pflanzen auszustechen, die wir nicht in den nächsten Frühling retten wollten: Malven, Karden, Nachtkerzen. Einige der Ausgestochenen wanderten am Schluss weiter in irgendwelche Privatgärten. Beim Labyrintheingang standen die ver-

sammelten Gartengeräte zum Waschen und Einölen für den Winter; bald glänzten sie freudig im Sonnenschein. Mit Schubkarre und Schaufeln verteilten wir Kompost an die Rosen im Labyrinth und die Bäume im Areal. In Flechttellern sammelten wir Samen. Maria entfachte ein Feuer und legte Kartoffeln hinein, Regula wärmte später eine Kürbissuppe drauf und deckte den Tisch für alle. In der Labyrith-Mitte lagen Musikinstrumente bereit, um die Arbeitenden bei Laune und Rhythmus zu halten. Eine Frau spielte abwechselnd Gitarre und trommelte. So schafften wir eine Stunde lang in Gruppen, schwatzten und lachten. Dann kamen wir in der Labyrinthmitte zusammen, wuschen uns die Hände, cremten sie ein und machten uns schön. Wir hatten ein Waschtischchen mit Seife, Bürste, Creme und Spiegel bereitgestellt. Danach brachen wir mit Musikinstrumenten zu einem Abschiedsgang durch den ganzen Zeughaushof auf. Regula empfing uns auf dem Kinderspielplatz mit Flötenmusik. Gedanken zur Ernte, Rückschau aufs Jahr, Loslassen.
Da geschah etwas Unerwartetes: Eine Frau, die das erste Mal dabei war und die niemanden von uns kannte, hatte in der Zeitung vom Abschiednehmen im Labyrinth gelesen und war aus diesem Grund gekommen. Vor ein paar Monaten war ihr Mann nach 27 gemeinsamen Ehejahren verstorben. Er war Polizist gewesen, vorne in der Polizei-Kaserne. Deshalb kannte sie auch das Labyrinth und sie hatte offenbar immer wieder versucht, sich im Leben zwischen den beiden Polen Polizei und Labyrinth einzupendeln. Mich berührte das tief: Da kommt eine Frau und findet den Mut, wildfremden Menschen von ihrem Schmerz zu erzählen, und weiß ihn aufgehoben in diesem labyrinthischen Geschehen. Es hat – denke ich – eine andere Qualität und Bedeutung, diese persönliche Geschichte im geschützten Rahmen, zum Beispiel in einer Selbsterfahrungsgruppe, zu erzählen oder in einem öffentlichen Raum.

Maria gab uns dann Gedanken zum Loslassen auf den Weg vom Kinderspielplatz zurück zum Labyrintheingang mit. Am Eingang hatten wir einen Korb mit trockenen Lavendelzweigen bereitgelegt. Im Labyrinth stand auf je einem Wendepunkt eine Schale mit Feuerglut und eine mit Komposterde. Jede konnte sich ein paar Zweige nehmen und sie entweder dem Feuer oder der Erde übergeben: Loslassen und Umwandeln. Einige äußerten einen Gedanken dazu, andere taten es schweigend. Dann versammelte uns Maria um diese beiden Schalen im Kreis und bat, einander fest die Hand zu geben, für einen Moment den Kreis zu schließen, und teilte uns dann mit, dass

»unsere Verena« (die Frau, die am Labyrinth-Kongress in diesem Sommer jeweils die Ansagen gemacht hatte und immer mit dem Fotoapparat unterwegs gewesen war) vor ein paar Tagen schwer erkrankt ist. Verena hatte sie gebeten, es uns allen gemeinsam bei diesem Abschiedsanlass zu sagen. Du kannst dir vorstellen, Bettina, welche Erschütterung durch uns alle hindurchging. Regula fand als erste die Sprache wieder in Form eines indianischen Gebets-Gesangs. Dann wanderten wir alle still den Weg durchs Pflanzenlabyrinth hinaus, begleitet von Regulas Flötenmusik. Ich trug die dicke Kongress-Fotodokumentation von Verena unter dem Arm. Ich hatte sie mitgenommen für die Labyrinthfrauen, die sie noch nicht gesehen hatten. Verena ist auf keinem Bild zu sehen. Sie hatte immer die anderen ins Licht gerückt.

Schließlich setzten wir uns zu Tisch und nährten uns mit rotem Traubensaft im Gärstadium; Maria hatte ihn sich als »Herzblut« gewünscht. Irene hatte zum Herzjahr ein großes herzförmiges Brot gebacken. Dann gab es Kartoffeln vom Feuer und Kürbissuppe. Einige saßen bis in den Abend hinein zusammen. Die »Alkis« hatten uns einen Tisch überlassen und sich an den verbliebenen zusammengedrängt. Auch die Feuerstelle teilten wir manierlich. Seit Regula öfter zur Gartenarbeit die Gitarre mitnimmt und singt, hat einer vom Biertisch seine alte Gitarre aus dem Schrank geholt, und nachdem Regula ihm Mut gemacht hat, seine Hemmungen zu überwinden, spielt er ab und zu und die anderen stimmen ins Lied ein.

Nachtrag (2008):

Jahre später hat die Witwe des Polizisten uns bei einer Veranstaltung mit Märchen aus der Innerschweiz überrascht und beglückt. Sie hatte in der Zwischenzeit zum Dialekt ihrer Kindheit zurückgefunden und sich zur Märchenerzählerin ausbilden lassen.

Kultivieren – Gemeinsam den Labyrinthgarten pflegen

Seit einigen Jahren ist es zur Tradition geworden, dass die freiwilligen Gärtnerinnen an mindestens einem Tag in der Woche gemeinsam im Garten arbeiten. Dabei ist immer auch Raum und Zeit für Austausch, fürs Gespräch über persönliche, politische, philosophische Themen. Eine alte Frauenkultur ist wieder belebt worden. Dabei entstand auch ein anderer Zugang zum universalen Wissen und er wird kultiviert, wie die folgende Geschichte vom Strauch namens Diptam belegt, die Regula eines Tages aus dem Labyrinthgarten mitbrachte:

Im Frühjahr 2007 pflanzen wir den Diptam ein, den Ursula aus ihrem Garten in Winterthur mitgebracht hat. In ihrem Gärtchen wollte er nicht recht gedeihen, jetzt möchte sie herausfinden, ob es ihm im Labyrinthgarten besser gefällt. Aber auch hier gedeiht die Pflanze nur zögerlich. Umso mehr freuen wir uns, als wir 2008 beobachten, dass der Diptam langsam zu wachsen anfängt. Wir hegen und pflegen ihn. Eines Tages teilt eine Frau mit, sie habe gehört, dass der Diptam, um gut zu wachsen, mit Kies angehäufelt werden müsse. So kommen verschiedene Ratschläge zusammen.
Ich selbst kenne diese Pflanze nicht. Durch Ursula und ihre Begeisterung wächst eine Beziehung zum Diptam. Wir beobachten, wie die Knospen sich formen. Endlich beginnt er zu blühen und verströmt einen wunderbaren, orientalisch anmutenden Duft. Wir können uns kaum satt sehen und satt riechen.
Während der Gartentage gehen wir immer wieder zu dem kleinen Strauch, nehmen eine Nase voll Diptamduft und bewundern die zarten Blüten.
Als uns meine Mutter im Sommer im Labyrinth besucht, erzählt sie von ihrem »Duftgärtchen«, das sie einst vor ihrem Haus aus verschiedenen Duftpflanzen angelegt hat, unter anderem Lavendel, Salbei und Diptam. »Was, du kennst den Diptam!«, rufe ich erstaunt aus. Ich zeige ihr die Stelle, wo er blüht. Sie will nächstes Mal ihr Büchlein über Duftpflanzen mitbringen. Eine Woche später lesen wir darin, dass der Diptam so viel ätherisches Öl enthält und verströmt, dass es angezündet werden kann und eine brennende Aura die Pflanze umgibt. Ursula bemerkt: »Jetzt ist es mir klar, das muss der Strauch gewesen sein, den Moses in der Wüste hat brennen sehen. Von der Sonnenhitze wurde das ätherische Öl entzündet und Moses stand staunend vor einem Wunder.«
Wie sehr staunen wir selbst, als wir einige Zeit später in einem Buch lesen, dass Theologen davon ausgehen, beim brennenden Busch in der Bibel handle es sich um einen Diptam.
Ohne diese Zusammenhänge zu kennen, sind wir durch das Hegen und Pflegen, Beobachten und Weitererzählen auf Wirkungen gestoßen, welche andernorts auch gefunden wurden. Wir glauben aber nicht, dass unsere eigenen Erkenntnisse durch die Belege aus der sogenannten Wissenschaft wahrer geworden seien. Vielmehr erfüllt uns die Freude, das Erleben und Staunen darüber, dass

Wissen nicht an Forschung im üblichen Sinne gebunden ist, sondern dass im Erkennen von Phänomenen Chancengleichheit besteht. Alle können zu denselben oder ähnlichen Forschungsergebnissen kommen, zum Beispiel durch liebevolle Zuwendung, durch Hegen, Pflegen, daran Riechen und das Aufnehmen mit allen Sinnen, durch Interesse und Begeisterung, indem wir uns in Beziehung setzen – etwa mit einem Diptam, durch die Freude und die Neugierde, das Lesen in Büchern oder das Stöbern im Internet, indem wir beobachten, aufschreiben und uns mit anderen austauschen.
Mir wurde durch diese Erfahrung und dieses Erlebnis bewusst, dass jede Person ihren eigenen, persönlichen Zugang zum universalen Wissen hat und dass auch hier wiederum die Vielfalt, die Fülle von Entdeckungen zu einer allen Menschen dienenden Wissenschaft führen kann.

Wie die Erfahrung mit den Pflanzen zu politischen Einsichten und Handeln führt, erzählt die folgende Geschichte einer Labyrinthgärtnerin, die später Thema eines »Politischen Labyrinthgesprächs« wurde:

Immer wieder jäten wir die Hahnenfüße aus. Eines Tages sage ich zu Irene: »Ich bin mir nicht ganz sicher, aber ich habe den Verdacht, dass im selben Moment, in dem ich im Norden des Labyrinthes einen Hahnenfuß herausziehe, irgendwo im Süden hämisch zwei andere durch die Erde brechen.« So sprechen wir über den unglaublichen Überlebenswillen dieser Pflanze.
Uns kommt eine Freundin in den Sinn, die zurzeit schwer erkrankt im Spital liegt. Wir sagen zueinander, dass sie diese Kraft jetzt braucht. Kurzerhand beschließen wir, einen Hahnenfuß in einen Topf zu pflanzen und ihr zu bringen. Wir finden sie in ihrem Zimmer. Als wir ihr den Topf mit dem Hahnenfuß zeigen, ist sie sehr erstaunt. Leider haben wir nicht bedacht, dass Pflanzen mit Erde im Spital nicht erlaubt sind. So nehme ich die Pflanzen zu mir nach Hause mit und setze sie stellvertretend in meinen Garten, damit sie ihre Heilwirkung in die Welt bringen kann.
Am nächsten Gartentag erzähle ich es Irene. Sie ist begeistert und gemeinsam kommen wir zum Schluss, dass unsere Hahnenfüße überall verteilt im Garten wachsen, weil sie keinen anerkannten Platz haben, an dem sie willkommen und geliebt und bewundert werden. Wir beschließen, am nächsten öffentlichen Gartentag mit allen Leuten zusammen ein Beet umzugraben und für die Hahnenfüße bereit zu machen.

Eine Woche später, nachdem wir mit den Besucherinnen des »Politischen Labyrinthgesprächs« in einer öffentlichen Aktion die Hahnenfüße gepflanzt, begossen, besungen und geehrt haben, sehen wir besorgt die welken Köpfe der Pflanzen. Das hat ihnen doch nicht gepasst, vermuten wir, vielleicht ist der Standort nicht optimal? Aber diese Sorge wird sich bald verflüchtigen. Wie wir uns freuen, als wir sehen, wie sich die Pflanzen wieder aufrichten; wie glücklich wir sind, als wir sehen, wie sie zu blühen beginnen, und wie erstaunt wir sind, als wir bemerken, wie unsere eigene Haltung sich wundersam verändert hat: Jede Pflanze, jedes Tier und jedes Wesen braucht einen Platz im Weltenbild, um sich zu entfalten, um die eigene Kraft zum Ausdruck zu bringen und um zu blühen.

Feuerlabyrinth

Ein besinnlicher Labyrinth-Brauch in einer regenfreien Nacht.
Zur Vorbereitung legen wir »Brennstäbe« lückenlos auf die Weg begrenzende Struktur des Steinlabyrinths in der Mitte des Gartens. Musik ruft die Leute herein. Einige Frauen mit Fackeln geleiten die vielen wartenden Menschen zum vorbereiteten Platz. Diese stellen sich schweigend darum herum. Nach einer kurzen Begrüßung und einigen Geleitworten zum Abend setzt die Musik wieder ein, die Anwesenden schauen zu, wie die Frauen mit ihren Fackeln Kreis um Kreis das Labyrinthbild entfachen. Viele kleine Flammen verbinden sich tanzend zu einem großflächigen und gezähmten Feuer. Der Rauch steigt spiralförmig in den kühlen Nachthimmel, während alle Beteiligten still und besinnlich ihren eigenen Gedanken nachgehen, bis die Musik verstummt. Später, außerhalb des Labyrinths bei einem warmen Tee, tauschen wir unsere Einsichten miteinander aus.
Wir sehen im Labyrinth-Feuer ein Bild für die lebensnotwendige Energie, die wir Menschen in ihren unterschiedlichen Formen brauchen und weitergeben können, als Licht, Wärme und Nahrung, als Leben erneuernde Kraft. Wir bekommen diese Energie aus allem, was aus der Verbindung der Elemente wächst, sich bewegt und strahlt. Wir dürfen sie nehmen und können sie umwandeln in eigene Energie, in unsere schöpferische Kraft, die wiederum anderes in Bewegung versetzen kann. Wir wissen um die positiven und ne-

gativen Schwingungen in jeder Energie, um die Kräfte, die sich gegenseitig bedingen. Deshalb wollen wir nebst den segensreichen auch an die zerstörerischen Folgen denken, wenn diese Kräfte nicht im Gleichgewicht sind.
Dieses brennende Labyrinth ist nicht wie die verheerenden Flächenbrände, entzündet aus Feuerwaffen in zahlreichen Kriegen weltweit, viel eher erinnert es an ein wärmendes Herdfeuer, dessen Glut wir Frauen auch weiterhin entfachen können und hüten wollen für ein gemeinschaftliches Wohnen auf diesem Globus. In der Suche nach neuen Energien sollten wir Menschen, Frauen wie Männer, unsere eigene Energie nicht vergessen. Die Glut für ein Zusammenleben in Frieden darf niemals erlöschen auf dieser Erde. Mit unseren diversen menschlichen Begabungen können wir das notwendige Feuer gemeinsam schüren und nähren. Wir können und müssen unsere Liebe zur Welt und zu allem Leben immer wieder erneuern.

Heiligabend – Der Wintergarten verwandelt sich in einen Lichtergarten

Diesen Labyrinth-Brauch pflegen wir schon seit vielen Jahren. Nach Ladenschluss für eine kurze Weile zusammenkommen, inne halten, Wünsche und Gedanken austauschen, Lichter in den dunklen Garten tragen. Weihnachten ist das Fest der Geburt, das in allen Kulturen und Religionen gefeiert wird, auf je eigene Weise. Wir habe Grund, ein Fest der Geburt zu feiern, denn wir sind alle Geborene. Mit jedem neuen Kind erneuert und verändert sich die Welt. (Labyrinth-Weihnachtsgedanken sind publiziert auf www.bzw-weiterdenken.de/2010/12/gedanken-an-heiligabend-im-labyrinth/)

Tanzen

Eine Spur in der Kulturgeschichte des Labyrinths führt zum »Tanzplatz der Ariadne« (vgl. den ersten Teil dieses Kapitels/Umganges). So ist es selbstverständlich, dass auch das Zürcher Labyrinth immer wieder zum Tanzplatz wird. Die Kreistanzleiterin Cornelia Weber lädt seit vielen Jahren zum »Offenen Tanzen im Kreis« ein. Hier ihre Erfahrungen und Einsichten:

Zuerst war der Platz während des Sommertrimesters die AußenVariante einer festen FrauenTanzgruppe. Sehr eindrücklich erlebten wir jedes Jahr den Wechsel vom Tanzen im geschlossenen und offenen Raum: der offene Himmel, die Unendlichkeit in der Vertikalen, das Ineinanderfließen von Tag und Nacht – wenn anfangs noch die Schwalben zirren und am Ende die ersten Fledermäuse auf Nahrungssuche vorbeihuschen – auch das Mitsein anderer Menschen auf dem Platz, die Geräusche der Stadt.

All diese AblenkungsMöglichkeiten für unsere Sinne gilt es zu integrieren und sind für mich als Tanzleiterin eine besondere Herausforderung. In diesem Zusammenhang gelingt es immer wieder, das Bewegen im Kreis als konzentrierenden Halt in der Abgrenzung zu erleben. Sternstunden sind Erlebnisse der Gleichzeitigkeit von innen und außen, wenn Eindruck (= empfinden) und Ausdruck (= handeln) eins werden.

Nun hat sich aus dem wöchentlichen Tanzen in einer regelmäßigen Frauengruppe ein monatlich »Offenes Tanzen für alle« entwickelt. Immer wieder sind Menschen dabei, die sich das erste Mal in einem Tanzkreis bewegen. Da ist für das Leiten vor allem das Hinführen zum Kreis, zur Horizontalen durch das Integrieren der unterschiedlichsten Individuen von Belang. Eine Kerngruppe der Tanzerfahrenen, die über Jahre immer wieder dabei sind, spielt dabei eine wichtige und wertvolle Rolle. Dieser offene Tanzabend ist immer wieder ein Sprung ins Ungewisse: Wie viele werden kommen? Wie wird es, wenn es kalt ist oder regnet? Wie wird sich der Umgang mit den randständigen Menschen gestalten, die den Labyrinthplatz ebenfalls schätzen?

Was mich in meiner langjährigen Tanztätigkeit immer wieder berührt, sind die Rückmeldungen von Menschen, die das erste Mal einen TanzKreis erleben. Sie sind Spiegel und Echo meines eigenen Berührtseins durch das Tanzen im Kreis, dieses urmenschlichen Tuns. Aus dieser Quelle stammt auch meine Kraft, immer wieder neu einen Raum dafür zu schaffen.

Der Kreis ist ein wertvoller Archetypus des Kommunizierens: die Mitte das Abbild des Eigenen, die Kreislinie Abbild des Umfeldes; alle haben den gleichlangen Weg zur Mitte hin, geübte Tänzerin oder nicht. Ein Austausch zwischen den eigenen, unterschiedlichsten inneren Aspekten findet statt, dann zwischen den Menschen im Tanzkreis, des Weiteren zwischen dem Individuum und seinem immer vielfältiger werdenden Umfeld. Dieses Geschehen stellt für mich eine Möglichkeit des Einübens elementarer sozialer Verhaltensweisen dar und hat in meiner langjährigen Kreistanzarbeit mehr und mehr an Bedeutung gewonnen als mögliche Antwort auf die großen Herausforderungen der heutigen Zeit.

Poesie und Literatur

Viele Frauen schreiben, meist im Verborgenen. Anlässlich der »Poesieabende« im Labyrinth getrauen sie sich oft zum ersten Mal, ihre Texte in einem geschützten und doch offenen Raum und vor interessierten ZuhörerInnen vorzutragen. Diese Abende im Herbst gehören unterdessen zur Tradition im Jahreskreis. Brigit Keller, Autorin und viele Jahre Leiterin der Paulus-Akademie in Zürich, führt jeweils durch den Abend:

Das Konzept der Poesieabende besteht aus Vorlesen und Zuhören. Es braucht unbedingt beides: Frauen und Männer, die Eigenes lesen, und solche, die zuhören. Auch das Zuhören ist wichtig – es ist der Raum, ein wohlwollender Raum, ein Raum des Vertrauens, den wir uns wünschen, den wir brauchen, wenn wir etwas von uns zu zeigen wagen. So ist beides wichtig: Offen sein zum Selbstlesen, offen sein zum Zuhören.
Sprache ist wirkkräftig, kein totes Material – das hoffen alle, die schreiben. Etwas wird durch Sprache – oder umgekehrt: Realität, Träume, Gefühle werden fassbar durch Sprache. Und unser Leben, unser Alltag, hängt davon ab, ob wir dafür eine Sprache haben, etwas erzählen, bezeichnen, besingen, verfluchen können oder stumm und wortlos bleiben. Denn »Sprache ist ein Zauberstab, mit dem wir die Realität in Bewegung setzen können.« (Jankowski 2008)

Singen und Musizieren

Musik und Gesang erfreuen und bewegen nicht nur die Menschen, sie tun auch den Pflanzen wohl. Dies ist unsere Erfahrung der vergangen 20 Jahre. Das vielfältige musikali-

sche Wirken auf dem Labyrinthplatz zu dokumentieren, ist hier aus Platzgründen nicht möglich. Es soll lediglich auf zwei Ereignisse hingewiesen werden:
Die Labyrinthgärtnerinnen haben erfahren, dass das Singen bei der gemeinsamen Gartenarbeit inspiriert, beflügelt, konzentriert. Daraus ist ein Labyrinth-Chor entstanden, der unterdessen mehrmals im Jahr im Veranstaltungskalender zum »Offenen Singen« für alle einlädt.
Eine Gruppe Freier MusikerInnen aus der ganzen Schweiz hat das Labyrinth als Grundlage für ein Improvisationskonzept, als Leitfaden für Tanz und Musik entdeckt. Sie spielen nach ihren eigenen Worten nicht frei, aber auch nicht nach Noten, sondern »nach Labyrinth«:
Wendepunkte, Begegnungspunkte, akustische Nähe und Distanz // parallele und entgegengesetzte Wegstrecken, Kreisform, Außengeräusche // visuelle Hindernisse, Richtungswechsel. Musik, Bewegung und Wort werden vom Labyrinth inspiriert: bewegen – verweilen // tönen – schweigen // interagieren – reagieren // statisch spielen – tonlos bewegen // allein spielen – zusammenspielen // in Opposition: harmonisch – autonom agieren – bei einer Aktion mitspielen.

Öffentliche Labyrinthgespräche

Das Gespräch hat auf dem Labyrinthplatz eine große Bedeutung – als persönliches Gespräch zwischen den BesucherInnen, zwischen Labyrinthfrauen und BesucherInnen, aber auch als strukturiertes Gespräch zu vorgegebenen Themen. Veranstaltungen unter dem Titel »Am Geschichtenteppich weben«, »Politische Labyrinthgespräche«, »Stadtgespräche an der Lanyrinth-DenkBar«, »Generationengespräche« waren und sind regelmäßige Angebote im Jahresprogramm.
»Wer es unternimmt, zu sagen, was ist, kann nicht umhin, eine Geschichte zu erzählen, und in dieser Geschichte verlieren die Fakten ihre ursprüngliche Beliebigkeit und erlangen eine Bedeutung, die menschlich sinnvoll ist.« (Arendt 1994, S. 367)
Diese Gedanken von Hannah Arendt haben uns ermutigt, immer wieder unsere eigenen Labyrintherfahrungen zu erzählen und Menschen einzuladen, ihre Erfahrungen mit an-

deren zu teilen. Ein bunter »Geschichtenteppich« ist in all den Jahren gewirkt worden. Er bildet den Boden, auf dem wir uns bewegen.

Die »Politischen Labyrinthgespräche« sind aus dem Bedürfnis hervorgegangen, die politische Bedeutung des Labyrinthplatzes zu erforschen, zu benennen und mit BesucherInnen zu diskutieren.
2005 ist aus der Ankündigung »Politik mit Hand und Fuß« ein Abend zur »Hahnenfuß-Politik« geworden. Hier der Bericht einer Teilnehmerin:

Hahnenfüßen ihren Platz geben
Durchs Labyrinthtor in den Raum des politischen Gesprächs treten, den Raum mit aufbauen. Tische herrichten, Speisen darauflegen, Käse schneiden, Früchte waschen, Wasser holen. Großzügig sind die Speisen eingekauft und angerichtet. Essen, sich stärken, genießen. Sich zusammensetzen, zuhören, was das Labyrinthteam vorbereitet hat.
Den Hahnenfüßen ein spezielles Bett/Beet zubereiten als Analogie zu Menschen, die sich ihren Raum nehmen, ob das passt oder nicht. Ausgrenzen, ausreißen, vernichten ist keine Lösung, weder mit Pflanzen noch mit Menschen, meinen Regula und Irene. Auch Hahnenfüße sind ein Teil des Kosmos. Sie sollen geachtet werden genauso wie die Rosen, dürfen aber nicht den ganzen Raum für sich einnehmen und alles überwuchern.
Cornelia meint, das sei typisch schweizerisch: Alles hat seinen Platz, seine Ordnung und einige bestimmen, wie diese zu sein hat, wer in der Gesellschaft viel oder wenig Raum einnehmen darf. Die Herrschenden fragen nicht, werden nicht eingeschränkt und die Ausgegrenzten werden nicht gefragt, weder die Obdachlosen noch die Hahnenfüße. Die Frauen einigen sich, eine Stunde im Garten zu arbeiten und die Gedanken zu beobachten, die sich dabei einstellen.
Hahnenfüße ausgraben und den beiden Frauen bringen, die sie im speziellen Beet einpflanzen, zwischendurch jäten, Blumen bewundern, mit ihnen Kontakt aufnehmen. Wieder zusammenkommen beim Tisch, etwas trinken und essen, die Erfahrungen austauschen, Frauen, die neu dazugekommen sind, einbeziehen, sie in die Gedanken mit hineinnehmen. Jede sagt, wie es ihr ergangen ist.

Irene erzählt, was sie Botanisches und Medizinisches über die Hahnenfußfamilie herausgefunden hat. Fernanda gibt ihrem Erstaunen Ausdruck über die Praxis der Labyrinthfrauen und ihren Umgang mit einem Unkraut, das sonst einfach vernichtet wird, und schlägt vor, dass sie ein paar Pflanzen mitnimmt und diese dem Grünkompost übergibt. Sie sieht es als ihren Beitrag zur Aktion, respektiert damit den Umgang, der hier praktiziert wird.
Der Abend geht dem Ende zu, einen Abschluss finden, Regula stimmt ein Hahnenfußlied an, die einen tanzen, andere musizieren mit Gartenwerkzeugen, eine andere trägt einen Regenbogenschirm auf dem Labyrinth-Gang hinaus. Von außen schauen PassantInnen amüsiert zu, sie freuen sich, wie die Frauen im Labyrinth ausgelassen sind.
Dann aufräumen, das Labyrinth verlassen, Abschied nehmen, weggehen, wieder eintreten in die eigene Welt, soviel wie möglich von diesem wunderbaren Abend mitnehmen, an anderen Orten weitererzählen von dieser schönen Gesprächskultur der Frauen beim Arbeiten im Labyrinth-Garten: zuhören, zu verstehen versuchen, sich einbringen, die anderen respektieren und eine eigene Meinung haben, neu finden, sich anregen lassen, nachdenklich werden. Ja, diese Kultur, wie sie hier im Labyrinth gelebt wird, sollte überall mehr Raum bekommen, sich ganz selbstverständlich ausbreiten wie der Hahnenfuß.
(Im Kap.: »Öffentlicher Frauenplatz – Ein politische Versprechen« sind weitere »Politische Labyrinthgespräche« dokumentiert.)

2010 entstand der Wunsch nach einem Gespräch zwischen den Generationen. An vier Abenden haben wir jüngere und ältere Menschen eingeladen, miteinander ein öffentliches Gespräch zu führen. Im Programmheft stand:

> Der Labyrinthplatz in Zürich ist nicht vom Himmel gefallen. Ein paar Frauen auf der Erde, mitten im Leben, beseelt vom Wunsch, die gemeinsame Welt mitzugestalten, haben ihn vor 19 Jahren geschaffen, trotz vieler Hindernisse. Sie haben einen Mangel verspürt und sie haben aus der Fülle der Frauenkultur und ihrer eigenen Lebenserfahrung geschöpft. Sie wollten ihrer Liebe zur Welt Ausdruck geben und ihre Verantwortung wahrnehmen für ein Zusammenleben, in dem die Würde aller Menschen und

Kreaturen respektiert wird. Das Labyrinth hat sie inspiriert, ihnen einen Weg gezeigt und ihnen die Kraft gegeben, einen öffentlichen Platz zu schaffen, auf dem alle willkommen sind, woher sie auch kommen, wer sie auch sind. Heute stellen sie sich die Frage, ob sie diesen Wunsch einer jüngeren Generation weitergeben können. Ob das Kulturmuster Labyrinth noch taugt, ob ihre Begeisterung von damals noch Funken sprüht. Und auch die Frage, was einer jüngeren Generation unverzichtbar ist und was nicht.

Aktuelle gesellschaftspolitische Ereignisse und ihr Niederschlag in den Labyrinthveranstaltungen

Manche gesellschaftspolitischen Ereignisse bringen uns dazu, eine bereits vorbereitete Veranstaltung umzugestalten. Eine Labyrinthfrau erzählt aus dem Jahr 2001:

Wir hatten im Jahresprogramm für Ende September ein Herbst-Fest angekündigt. Da geschah am 11. September das Attentat in New York. In den Tagen kurz nach der Zerstörung des World Trade Centers las ich Luisa Muraros Artikel »Die Kunst, Maschen aufzuziehen« (Muraro 2001, S. 163-175). Sie beschreibt das Maschenaufziehen einer alten Strickjacke und wie aus dem herausgelösten Faden ein Knäuel wird, aus dem etwas Neues entstehen kann. Dann überträgt sie dieses Bild u. a. auf die Ebene des Städtebaus und erzählt vom Kolosseum in Rom, diesem Gebäude von imposanter aber unverdaulicher Größe, einem »Behälter für geschmacklose Darbietungen«, das später zum Steinbruch wurde für die örtliche Bevölkerung, die Häuser zum Wohnen brauchte. Plötzlich konnte ich wieder freier atmen und mein Denken bekam eine Richtung. Ich sah, wie die Twin Towers – für viele ein provozierendes Symbol der Machtanmaßung und Profitgier – von Menschenhand abgetragen wurden, Stockwerk um Stockwerk. Ich sah, wie unschuldige Gegenstände – Computer, Kaffeemaschinen, Tische, Stühle, Kloschüsseln, Fenster und Türen – hinunter- und weggetragen wurden, um an einem anderen Ort einem freundlichen Zweck zu dienen. Dieses Bild nahm ich mit zu unserem Herbst-Fest ins Labyrinth. Aus meinem Korb mit den abgelegten Kleidern fischte ich Strümpfe und andere Wollsachen heraus. Alle Teilnehmenden erhielten ein Stück

Gestricktes und wir übten im Labyrinth gemeinsam die »Kunst des Maschenaufziehens«. Ich sagte: »Der Faden der Ariadne fällt vermutlich nicht vom Himmel. Er ist bereits da, allerdings verstrickt in unbrauchbar gewordenen Strickmustern. Wir müssen ihn zuerst sorgfältig herauslösen, um daraus etwas Neues zu schaffen, unser eigenes Strickmuster.« Es war ziemlich mühsam, den Faden herauszulösen, aber schließlich hielten alle einen bunten Wollknäuel in der Hand, bereit für ein neues Strickmuster.

»1000 Friedensfrauen weltweit« zu Gast im Labyrinth

2005 wurden 1000 Frauen weltweit für den Friedensnobelpreis nominiert. Den Friedensnobelpreis erhielten sie leider nicht, aber diese Initiative hat eine große Bewegung und Vernetzung von Frauenprojekten in vielen Ländern ausgelöst, die immer noch aktiv ist (siehe www.1000peacewomen.org). Ein Kartenset mit den Porträts der 1000 Frauen wurde produziert und reist seither als Ausstellung um die Welt. Für uns war klar, dass wir die 1000 Frauen ins Labyrinth einladen wollen.

Diese Installation und die angegliederten Veranstaltungen wurden zum Höhepunkt im Labyrinthsommer 2006. Wir investierten dafür viel Zeit und Kraft. Die 1000 A5-Karten mit den Porträts der Frauen mussten laminiert werden, damit sie der Witterung standhalten. Wir entschieden uns für Schilfrohr als Ständer, weil 1000 Bambusrohre in der entsprechenden Höhe unerschwinglich gewesen wären. Die Schilfrohre »dröselten« wir aus Matten heraus, wie sie für Gartensitzplätze und Balkone gebraucht werden. Schilfrohr ist zart und biegsam. Die Karten mussten sorgfältig aufgesteckt und angeklebt werden. Große Achtsamkeit, Hingabe und Zeit brauchte es, um die Karten ins Labyrinth-Erdreich zu stecken und mit feinem Draht an den Pflanzen zu befestigen. Eine ganze Woche lang blieben die Karten im Labyrinthgarten, gehalten, geschützt und gestützt von den Pflanzenstauden. Jeden Tag richteten wir »geknickte« Friedensfrauen auf oder »wischten Tränen ab« nach einer Regennacht. Die BesucherInnen luden wir ein, selbst Hand anzulegen und Friedensfrauen ins Labyrinth zu »pflanzen«. Einige reagierten zunächst irritiert, dass wir diese delikate und aufwändige Form gewählt hatten. Sie begriffen aber, dass auch die Arbeit für den Frieden Hingabe, Sorgfalt und Geduld erfordert. Mit vielen BesucherInnen ergaben sich eindrückliche Gespräche zu Frieden, Gewalt, Gerechtigkeit im Großen und im Kleinen. Manche erzählten vom persönlichen Einsatz für Frieden, aber auch von eigenen Gewalterfahrungen. Die BesucherInnen ausländischer Herkunft ermunterten wir, die für den Friedensnobelpreis nominierten Frauen ihres Heimatlandes zu suchen. Mit Hilfe der vielen BesucherInnen gelang es, bis Ende der Woche etwa 700 Friedensfrauen Gastrecht im Labyrinth zu geben. Der Labyrinthgarten hatte sich in eine »Landschaft voller engagierter starker Frauen« verwandelt, die ihrerseits dabei sind, die Welt zu verwandeln. Es fiel uns nicht leicht, nach einer Woche von dieser eindrücklichen Labyrinth-Installation Abschied zu nehmen.

Die Heilkraft der Künste

Als wir 1991 begannen, unter freiem Himmel öffentliche Lesungen, Konzerte, Theater, Gespräche, Tanzperformances anzubieten, einmal gar ein Klavier ins Labyrinth stellten, war das sehr ungewöhnlich. Inzwischen gibt es im Sommer in Zürich in vielen Parkanlagen, in Schwimmbädern und auf öffentlichen Plätzen Veranstaltungen.

Ins Labyrinth laden wir in der Regel KünstlerInnen ein, die bereit sind, mit den BesucherInnen während oder nach der »Darbietung« in einen Dialog zu treten. Die Grenze zwischen »Produzierenden« und »Konsumierenden« wird fließend. Für Künstlerinnen und Künstler ist es eine Herausforderung, sich auf die Fragen der BesucherInnen einzulassen. Die meisten erleben es allerdings als Bereicherung und Vertiefung ihres künstlerischen Schaffens. Bei jeder Labyrinthveranstaltung finden sich auch »Zaungäste« ein, die das Geschehen von außen betrachten, weil sie sich vor dem Eintritt ins Labyrinth scheuen, selbst wenn wir sie ausdrücklich dazu einladen. Auch sie sind für uns integraler Bestandteil einer Labyrinthveranstaltung, Menschen, die nie einen Konzertsaal, ein Theaterhaus, eine Galerie betreten würden.

Bekannt ist die therapeutische Wirkung der Künste. In geschlossenen, geschützten Räumen entfalten sie ihre Heilkraft als Mal-, Musik-, Theater-, Gestalt-, Tanz-, Gesprächs-Therapie. Die Erfahrungen im Labyrinth haben in uns den Wunsch geweckt, die Künste möchten wieder verstärkt in den öffentlichen Raum zurückkehren, dort, wo sie vor Tausenden von Jahren ihren Anfang genommen haben. Hier könnten sie für alle Menschen ihre Heilkraft entfalten.

Unsere Gärtnerin Regula zum Beispiel hat bei der Gartenarbeit immer die Gitarre oder ihre Flöte dabei. Wenn sich im Zeughaushof Spannung aufbaut – Alkoholiker, Drogensüchtige oder psychisch desorientierte Menschen ausrasten, eine Polizeikontrolle im Gange ist –, beginnt sie zu singen oder zu spielen. Es ist erstaunlich zu erleben, wie sich Spannungen abbauen, wie besänftigend ihr Gesang, wie heilsam die Musik ist. Umgekehrt erlebt sie oft, wenn sie im Garten singt, dass die Leute am Biertisch zueinander sagen: »Seid doch mal still und hört zu, wie Regula für die Pflanzen singt.«

Beim Spiel eines professionellen Maskentheaters platzte ein verwirrter Mann aus der Randständigengruppe, alkoholisiert und mit aufgesetzten Kopfhörern, mitten in die Szene. Regula kannte ihn und erfasste sofort, dass sie ihn stoppen musste, damit das Maskenspiel nicht empfindlich gestört würde. Tanzend und mit wallendem Tuch bewegte sie sich langsam auf den Mann zu. Er war überrascht, nicht beschimpft, sondern auf diese Weise empfangen zu werden. Er versuchte, Regula ein paar Beleidigungen zuzuzischen, die sie aber ignorierte, um ihn umtanzend und mit dem Tuch umwallend sanft, aber bestimmt zum Labyrinthausgang zu geleiten. (»Wallen«, »Wellness«, »Wallfahrt« hat denselben Wortstamm). Einige BesucherInnen berichteten anschließend, sie seien überzeugt gewesen, dieser »Auftritt« habe zur Inszenierung des Maskentheaters gehört.

Der Torero reizt den Stier (den Minotaurus?) mit einem wehenden Tuch und tötet ihn am Ende. Regula hat den verwirrten Mann mit einem Tuch sanft umwallt und ihm einen Ausweg gezeigt.

Giulia
erfüllte Wege
Julia
Elena
Ramón

Öffentlicher Frauenplatz – Ein politisches Versprechen

Zita Küng

So viel Kraft, so viele Ideen, so viel gute Energie, so viel Achtsamkeit, so viel Kultur. Eigentlich ist es klar, dass dies für den kleinen Labyrinthplatz zu viel ist. Wir müssen also Wege finden, wie wir diese Energien an weitere Orte bringen.

Der Lustverlust der Frauen an der Welt

Wenn wir uns die gesamte Welt anschauen, befindet die sich nicht in einem Zustand, den wir – aus unserem Labyrinthblickwinkel aus betrachtet – für optimal halten würden. Im Gegenteil: Wir sind sicher, dass wir viel beitragen müssen, damit mit der Globalisierung auch global menschliche Verhältnisse entstehen. Aber: Können wir das überhaupt beeinflussen? Sind wir dafür nicht zu klein und zu unwichtig? Ist es nicht besser, wir beschränken unsere Ambitionen auf unser unmittelbares Umfeld?

Diese Haltung beschreibt Christina Thürmer-Rohr als »Lustverlust der Frauen an der Welt«. Und dieser Lustverlust ist keineswegs harmlos: Er ist mit Ursache dafür, dass die Welt so aussieht und funktioniert, wie sie es heute tut. Wie bekommen aber Frauen (und mit uns verbündete Männer) wieder Lust auf die Welt? Auf die gesamte Welt, auf einen Weitblick, auf die Perspektive, die das Ganze im Blick hat?

Dieser Frage sind wir nachgegangen und haben im Jahr 2004 vier Abende organisiert, an denen wir »Politische Labyrinthgespräche« geführt haben. Wir haben uns überlegt, wie wir den Beteiligten die Last der »gängigen Politik« abnehmen und sie gleichzeitig ermächtigen und ermutigen können, ihre eigenen Überlegungen in die Welt zu bringen.

Die Labyrinthstruktur unterstützt die Gängerinnen und Gänger, ihren Gedanken zu folgen, Veränderungen zuzulassen, auch das Gegenteil zu sehen und – einfach dranzubleiben.

Die Lust auf die Welt müssen wir uns immer wieder neu kreieren. Eine wichtige Erkenntnis dazu ist, nicht unreflektiert Formen und Strukturen zu übernehmen, von denen wir uns keine positive Wirkung erhoffen. Wir verzichteten deshalb darauf, PolitikerInnen einzuladen, die uns ein Referat halten würden. Aus unserer Erfahrung ist dies oft ermüdend und wenig inspirierend. Konnten wir es besser machen? Jawohl.

»Politisches Labyrinthgespräch« zum Thema Sicherheit

Vom »Politischen Labyrinthgespräch« zum Thema Sicherheit, das wir am 6. Mai 2004 geführt haben, stellen wir hier den Ablauf dar. Der zeigt unsere Absicht, nicht nur ein wichtiges Thema zu behandeln, sondern auch einen geeigneten Rahmen anzubieten, damit alle Anwesenden sich einbringen können. Die sorgfältige Art, den Rahmen und den Raum zu gestalten, ist für uns bereits ein politisches Statement. Wer im Labyrinth an Diskussionen teilnimmt, soll sich nicht durch einschüchternde oder ermüdende Abläufe kämpfen müssen, sondern möglichst frisch und direkt sich einbringen können.

Dramaturgie des Abends

1. Zusammenkommen vor dem Labyrintheingang
Rosmarie: Empfang
Ursula: Thema ankünden.
2. Alle gehen durchs Pflanzenlabyrinth und machen sich Weg-Gedanken zum Thema »Sicherheit«.
3. In der Mitte ankommen, Platz nehmen.
Zita: erklärt die Spielregeln des Dialogverfahrens.

Dialogverfahren:

- ⊙ Ganz bei sich sein.
- ♦ Den Stein nehmen und so lange sprechen, wie du den Stein in der Hand hast. Dann den Stein zurücklegen.
- ⌖ Ins Zentrum, nicht zu Personen sprechen.
- ❋ Eigenes beitragen – sich nicht aufeinander beziehen.
- ઌ Klangschale zum Klingen bringen, wenn es dir zu rasch geht. Solange der Ton klingt, spricht niemand (Tempo entschleunigen).

Karten für eigenes Stichwort, Klangschale
Regula: erklärt »Mut schöpfen«
4. Dialogverfahren im Kreis zum Thema. Wer mag, kann eine Karte mit einem eigenen Stichwort schreiben.
5. Wenn der Dialog ausgeklungen ist, aufstehen und sich in Gruppen zu zweit oder dritt spontan austauschen zu dem, was einen gerade angesprochen hat (ca. 10 Minuten).
Magdalena: ordnet die Karten clownesk im inneren Labyrinth an.
6. »Nachgehen«: Alle gehen durch die Frau den Labyrinthweg von innen nach außen entlang der Karten.

7. Gespräch/Diskussion: Deutung des Bildes der Stichwort-Karten im Labyrinth. Zusammenschau, Synthese, Verbindungen.
Impuls: Agnes
8. Regula: »Auflösung«. Alle nehmen ihre Karte und »positionieren« sie auf dem Weg durchs Gartenlabyrinth bei einer Pflanze.
9. Kleiner Abschluss-Umtrunk

Bei strömendem Regen führten wir dieses »Politische Labyrinthgespräch«. In der Mitte stellten wir ein Zelt auf und dialogisierten da. Die Methode erlaubte, in einem gemächlichen Tempo eigene Gedanken zu formulieren. Und dies zunächst auch ohne Kommentar von anderen. Damit erhielt jedeR die Gelegenheit und den Raum, den sie/er brauchte. Alles Gesagte hatte Platz und war richtig. Inhaltlich kamen ganz unterschiedliche Aspekte zur Sprache. Hier ein paar Kostproben:

Eine Frau erzählte mir von ihrem Erlebnis im Labyrinth: Als sie beim Besuch im Labyrinth ihrem erkrankten Mann Osterglocken pflückte, kam ein Beamter von SIP (Sicherheit-Intervention-Prävention in sozialen Brennpunkten) drohend zu ihr und stellte sie zur Rede.
Ich hinterfrage, wie verschieden sich diese Geschichte anhört, je nach meiner Erzähl- und Sichtweise: zugunsten der Frau, zugunsten des Beamten, zugunsten des Labyrinthgartens ... Mein »Erzählen/Sprechen über« ist immer Interpretation. Daher erzähle ich immer neu und möglichst ohne Wertung aus verschiedenen Blickwinkeln.

Zweimal erlebte ich, wie »belastete« Plätze veränderbar sind: in Ostdeutschland eine Stasi-Ausbildungsstätte und hier der Zeughaushof. Transformation ist möglich! Dazu brauche ich Zuverlässigkeit, das heißt, mir freundschaftlich gesonnene Menschen, Menschen, auf die ich mich verlassen kann.

Beim Gehen durchs Labyrinth wurde ich von Gerührtsein bis zu Tränen und zittrigen Knien überrascht. Nötige Bodenhaftung geben mir die Fülle und Kraft der sprießenden Pflanzen und die

Blicke der mir begegnenden Menschen, die wie ich unterwegs sind. Miteinander nehmen wir Raum ein.

Wichtige Aspekte zum Thema Sicherheit

Nachdem wir in der ruhigen Atmosphäre des Dialogisierens zusätzlich zu den Kostproben ganz unterschiedliche Kommentare zum Thema Sicherheit gehört hatten, gingen wir zur gemeinsamen Diskussion über. Der Austausch, das Nachfragen, das Interpretieren und Weiterentwickeln führte uns schließlich zu einigen Synthesen, über die wir erstaunt und glücklich waren:

- Sicherheit ist uns allen ein Bedürfnis. Es ist deshalb wichtig, dass wir immer wieder hinschauen, wo Sicherheit/Unsicherheit entsteht.
- Gehen/sich bewegen, einen Fuß vor den anderen setzen – immer wieder das Gleichgewicht finden gibt Sicherheit.
- Das Labyrinth ist ein gestalteter Raum, der für immer neue Gestaltungsmöglichkeiten offen ist. Er ist nicht fertig gebaut wie ein architektonisches Kunstwerk, das nach der Fertigstellung nur noch bewundert, aber nicht mehr verändert werden darf. Dieses Unfertige vermittelt uns keine Unsicherheit. Es ist also nicht immer das Fertige, Fixe, Komplette, Vollkommene, das wir mit Sicherheit verbinden.
- Widerstand kann Sicherheit vermitteln. Auf den ersten Blick wäre es vielleicht eher denkbar, dass vorbehaltlose Zustimmung sicher macht. Auf einen Widerstand treffen, vielleicht auch sich daran reiben, bringt uns dazu, etwas neu zu sehen, neu zu beurteilen, die Meinung zu ändern, nicht statisch zu sein. Sich dadurch lebendig zu fühlen, bringt auch ein Gefühl der Sicherheit. Zu beobachten, dass auch andere Menschen diese Wachheit an den Tag legen, macht sie uns zwar nicht berechenbarer, aber vertrauenswürdiger.

Überrascht waren wir anschließend, dass beim Thema Sicherheit niemand von Geld gesprochen hat, obschon es im gängigen politischen Diskurs immer mit Sicherheit zusammengedacht wird. Warum erwähnten wir das Thema Geld nicht? Ist es unter uns Frauen tabuisiert? Setzen wir andere Prioritäten? Ist es für uns nicht wichtig? Stinkt es halt doch und wir wollen uns nicht schmutzig machen, es lieber den Männern überlassen? Ein weiteres Thema für ein nächstes »Politisches Labyrinthgespräch« war damit auf dem Tisch.

Wer hätte vor diesem »Politischen Labyrinthgespräch« gedacht, dass zum Thema Sicherheit solche Schwerpunkte auftauchen? Und auch noch von Frauen? Die Sicherheitsdebatte, wie sie sonst im politischen Raum geführt wird, ist bis auf die Zähne bewaffnet. Sie weist zu, wer für die Unsicherheit sorgt und wer Sicherheit für sich in Anspruch nehmen darf. Sie hat mit Ein- und Ausgrenzungen zu tun, macht genaue Vorschriften, wer was wo wann tun oder nicht tun darf und droht beim Zuwiderhandeln drakonische Strafen an. Wir haben also auch zu diesem Diskurs Wichtiges beizutragen.

Damit ist unsere Lust an der Welt wieder geweckt. Wir wollen Sicherheit auf unsere Art und dafür müssen wir unsere Ideen dazu in die Welt bringen.

Uns in die Welt bringen

Unsere Vorstellung von »politisch« steht quer zu den machtpolitischen Auseinandersetzungen und zu den Behauptungen, es gäbe »das einzig Richtige«. Aber wir setzen uns mit uns und der Welt auseinander und wir entwickeln Ideen und Lösungswege, die wir auch gerne in die Realität umsetzen. Deshalb diskutieren wir auch mit direkt Betroffenen, mit Vertreterinnen und Vertretern von Verwaltungen und Parteien. Immer wieder suchen wir die richtigen Ansprechpersonen, um für unsere Bedürfnisse und unsere Ideen die nötige Unterstützung zu finden.

Dafür ist der Labyrinthplatz mit der entsprechenden Praxis eine hervorragende Ausgangsbasis. Einerseits können wir da nach unseren Regeln unsere Ideen entwickeln und andererseits ist der Labyrinthplatz auch ein hervorragender Ort, um entsprechende Ansprechpersonen zu empfangen. Der freie Himmel, die Außentemperatur, die Vegetation im

Jahreszeitenkleid, die Wegstruktur des Labyrinths, das sind Faktoren, die in üblichen Besprechungssettings nicht vorkommen. Sie haben eine Wirkung auf alle. Wir müssen eine neue Art der Begegnung vorschlagen, weil die gängigen Rituale hier nicht angewendet werden können. Und so manche Politikerin und mancher Politiker hat die Windungen des Labyrinths für sich genutzt, neue Wendungen als machbar zu entdecken.

Und es gibt auch viele »kleine« Begegnungen, die das politische Versprechen unseres öffentlichen Frauenplatzes verdeutlichen. Wie Regula, die Labyrinthgärtnerin, sich und die politische Labyrinth-Botschaft alltäglich in die Welt bringt, zeigt die folgende Begebenheit:

Hier beim Sein und Arbeiten im Labyrinth habe ich in den letzten Jahren gelernt, was es bedeutet, sich zu positionieren. Ich rede mit den Menschen über meine Bedürfnisse; ich sage, was mir wichtig ist, was ich brauche. Ich höre auch was ihnen wichtig ist und was sie brauchen. Zum Beispiel: Ein Mann, der als Besucher im Labyrinth ist, gießt den Rest seines Getränkes in die Rosenbüsche. Ich gehe auf ihn zu und sage, er möge dies bitte nicht tun: »Es stört mich.« Da antwortete er: »Das macht doch nichts, das stört doch niemanden und die Blumen gehen nicht kaputt deswegen.« Ich antworte ihm: »Wenn es mich stört, dann ist eine Person da, die sich unwohl fühlt dabei, nämlich ich, und dass die Blumen möglicherweise nicht sterben davon, das reicht mir einfach nicht; ich möchte, dass es den Blumen, Ihnen und mir gut geht hier auf diesem Platz.« Erstaunt schaut er mich an und hört auf mit seinem Tun.
Dass wir eine Kultur pflegen, in der es allen wohl sein kann, verwirrt einige Menschen. Denn dass hier auf diesem öffentlichen Platz die persönlichen Bedürfnisse als wichtig wahrgenommen werden, ist eigentlich ein Wunder und nur für uns Labyrinthfrauen und Labyrinthvertraute selbstverständlich.

Kultivieren – eine Stadt ist im Bild

Ursula Knecht

Ästhetik und Ethik im öffentlichen Raum

Eine Frage, die uns immer wieder beschäftigt, ist der Zusammenhang zwischen Ästhetik und Ethik im öffentlichen Raum. Was bedeutet Ästhetik, wenn nicht nur Gebäude und Parkanlagen gemeint sind, sondern auch der Umgang mit dem öffentlichen Raum und der Umgang der Menschen miteinander? Bewirkt ein »schön« gestalteter öffentlicher Raum einen achtsamen Umgang mit ihm und miteinander? Wir können die Frage nicht schlüssig beantworten. Auf dem Labyrinthplatz, einem liebevoll gepflegten Ort mit einer harmonischen, wenn auch nicht symmetrischen »Komposition«, machen wir die Erfahrung, dass sich die Menschen um einen achtsamen Umgang bemühen. Wir haben in all den Jahren keinen Vandalismus erlebt, obschon der Platz täglich während des ganzen Jahres öffentlich zugänglich ist und außerdem in einem sozialen Brennpunktgebiet liegt. Der zuständige Gärtner für das Kasernenareal hatte uns vor den BewohnerInnen dieses Viertels gewarnt.

Sie seien rücksichtslos, ihm sei in all den Jahren keine einzige Blume zum Blühen gekommen, alles werde mutwillig zerstört. Wir haben die gegenteilige Erfahrung gemacht. Warum? Wir werden oft nach dem Rezept oder unserem Geheimnis gefragt. Wir haben kein Rezept und hüten kein Geheimnis. Wir haben lediglich eine Vermutung: Menschen, die das Labyrinth betreten, fühlen sich willkommen geheißen, selbst wenn niemand da ist, der sie persönlich anspricht. Sie erleben sich als Gast in einem auch für sie zubereiteten Ort. Und manche erleben anschaulich, wie hier eine Gruppe von Frauen sich nicht um ihr eignes Gärtchen kümmert, sondern einen öffentlichen Garten pflegt – und dies vorwiegend in Freiwilligenarbeit –, der alle einlädt, woher sie auch kommen, wer immer sie sind.
Jede Stadt möchte ihren Bewohnerinnen und Bewohnern versprechen: »Hier seid ihr willkommen, hier wird gut mit euch umgegangen.« Deshalb braucht es Regeln, Gesetze, Verordnungen, Pläne, Diskussionen, öffentliche Debatten. Ein Versprechen ist allerdings kein Rechtsanspruch, der eingeklagt werden kann. Darum braucht eine Stadt vor allem das Vertrauen ihrer Bevölkerung, mehr noch als ihren Gehorsam und ihre Pflichterfüllung.
Der Zeughaushof wird mehrmals im Jahr für Feste und Großanlässe genutzt. Während sich auf den Wegen und Grünflächen rund ums Labyrinth der Abfall türmt, sammeln wir im Labyrinth jeweils verhältnismäßig wenig Unrat ein. Auch die Obdachlosen bemühen sich, ihren Außenwohnraum einigermaßen sauber zu halten.

Regula, die Labyrinthgärtnerin erzählt, dass sie abends einem Obdachlosen begegnet sei, der torkelnd vom Tisch aufstand, eine ganze Batterie Bierdosen zu Füßen. Sie machte ihn drauf aufmerksam, dass es jetzt Container gebe für die Dosen, er könne sie dort entsorgen. »Ich?«, fragte er. Und Regula meinte: »Ja, du!« Worauf er fragte: »Warum?« Und Regula antwortete: »damit es schön ist hier.« Er hob die Dosen auf, torkelte zum Container und warf sie in den Schlitz. Offenbar war beim Stichwort »schön« etwas in ihm angeklungen.
Frau B.W. ist Inhaberin einer Kunstgalerie in der Nähe der Kaserne. Ihr Abendspaziergang führt sie oft durch den Zeughaushof und ins Labyrinth. Wir haben ihr angeboten, von den Kräutern, die üppig im Labyrinth wachsen, für den Eigenbedarf zu ernten. Besonders der Rucola hat es ihr angetan. Eines Tages erzählt sie: »Gestern beim Rucolapflücken hat plötzlich einer vom Biertisch

neben dem Labyrinth lautstark zu mir rübergerufen: ›He Sie, das hier ist kein Selbstbedienungsladen!‹ Da denkt man, sagt die Galeristin, diese Leute seien nur mit sich und ihrem Bier beschäftigt. Aber sie nehmen wahr, was um sie herum geschieht, und offensichtlich fühlen sie sich für den Labyrinthgarten mitverantwortlich.«

Bei Großanlässen, wie Feierlichkeiten zum 1. Mai, wo der Zeughaushof und mittendrin der Labyrinthplatz von Tausenden besucht wird, schmücken und schützen wir das Labyrinth jeweils mit roten Bändern, sperren es aber niemals ab. Im Labyrinthgarten bringen wir Schilder an:

Wir wünschen ein schönes Fest.
Wir danken euch, dass ihr Sorge tragt und uns bewundert.
Die Pflanzen vom Labyrinthgarten.

Nachdem 2008 beim größten Anlass im Zeughaushof, dem Festival Caliente, der Labyrinthgarten als Pissoir und zur Verrichtung anderer »Geschäfte« missbraucht worden war, suchten wir das Gespräch mit dem Veranstalter. Der Veranstalter schlug vor, das Labyrinth während der drei Festivaltage mit hohen Eisengittern zu umstellen und zu verriegeln. Dieser Reflex, auszugrenzen und abzusperren, entspricht aber nicht unserer Haltung. Gemeinsam suchten wir nach anderen Lösungen. Schließlich bot uns der Veranstalter an, das Labyrinth während des Festivals nachts auszuleuchten, mehr Sicherheitsleute patrouillieren zu lassen und im Festivalflyer einen Aufruf zu platzieren:

Willkommen im Zeughaushof, einer der wenigen Grünflächen im Kreis 4
für Erholung, Begegnung und Kultur ohne Konsumzwang.
Wir empfangen gerne Gäste. Wir erwarten aber von unseren Gästen, dass sie respektvoll
mit dem Hof, den Gebäuden und insbesondere dem Labyrinth-Garten umgehen.
Wir wünschen ein schönes Fest!

Sicherheit und Schutz – Ein Grundbedürfnis der StadtbewohnerInnen

Es gibt wohl kaum eine Stadt, die nicht mit dem Thema »Sicherheit« kämpft, entsprechende Maßnahmen prüft und ergreift. In jedem Stadthaushalt schlägt dieser Bereich als hoher Kostenfaktor zu Buche: Polizei, Sicherheitspatrouillen, Absperrungen. Auch uns beschäftigt dieses Thema auf unterschiedliche Weise. Im Labyrinth als einem öffentlich zugänglichen Ort können wir keine absolute Sicherheit garantieren. Dennoch versichern uns viele Menschen, dass sie sich hier geschützter fühlen als anderswo. Warum? Welchen Schutz kann ein Labyrinthplatz bieten? Es gibt keinen Schutz vor der Unbill des Wetters, im Gegenteil, wir befinden uns hier unter freiem Himmel, ohne Dach über dem Kopf. Auch Schutz vor Gewalt kann ein Labyrinth nicht garantieren. Wir betrachten es als Glück, dass es bis jetzt nie zu gewalttätigen Übergriffen kam, wir hätten sie nicht verhindern können. Der Schutz, den ein Labyrinth gewährt, ist von anderer Art, hat eine andere Bedeutung. Es ist, denken wir, der Schutz vor Bedeutungslosigkeit. Wer sich in einem Labyrinth bewegt, erfährt, dass er/sie Teil eines Bildes wird. Die Malerin Agnes Barmettler, die die Labyrinthanlage plante und viele Jahre lang den Garten betreute, sagt: »Hier entstehen Bilder, aus den Farben und Formen der Pflanzen, mit Licht und Schatten im Verlauf der Tages- und Jahreszeiten. Und die Menschen, die sich im Labyrinth bewegen, sind Teil des Bildes.«

Wir wünschen uns, dass diese Labyrinth-Bild-Erfahrung auf die ganze Stadt ausstrahlt, dass sich Menschen als Teil des Stadt-Bildes erleben, als zugehörig und bedeutungsvoll, weil sie einen Beitrag leisten zur Farbigkeit des Stadtbildes. Sie tragen ihre Farbe bei, ihre unverwechselbare Eigen-Art und *sind* deshalb eine Chance, lange vor der Diskussion um Chancengerechtigkeit und Chancengleichheit. Gewiss, nicht jede Farbe ist meine Lieblingsfarbe. Aber eine Stadt, die auf Monokultur setzt, wird öde, uninteressant, grau.

Anlässlich des »Politischen Labyrinthgesprächs« zum Thema Sicherheit meinte eine Teilnehmerin, nachdem sie durch den Labyrinthgarten spaziert war: »Schönheit gibt Sicherheit.« Eine andere hatte fasziniert die Regentropfen auf den fleischigen Frauenmantelblättern betrachtet und sagte: »Die Regentropfen bleiben auf den großen Blättern liegen, sie werden abgestoßen. Die Pflanze lässt sie nicht in sich hinein, sie würde sonst verfaulen. Umgekehrt nimmt die Erde den Regen auf und nährt die Pflanze an den Wurzeln. Die Tropfen auf den Pflanzen nehmen unterschiedliche Wege, je nachdem wie durchlässig oder fest die Unterlage ist, auf die sie fallen. Es braucht beides: Abstoßung und Durchlässigkeit, einmal macht das eine Sinn, gibt Sicherheit und Schutz, einmal das andere. Sicherheit hat mit Klarheit zu tun, mit der Entscheidung, was stoße ich weg, wo will ich durchlässig sein.

An einem Nachmittag hatte sich die Labyrinthgärtnerin Regula auf ein längeres Gespräch mit den Leuten am Biertisch eingelassen. Plötzlich sah sie auf die Uhr und verabschiedete sich, weil sie jetzt im Garten arbeiten müsse und noch viel zu tun sei. Einer aus der Gruppe meinte: »Siehst du, du arbeitest und wir sitzen einfach da.« Regula entgegnete: »Ich denke, jeder Mensch hat seine Aufgabe im Leben. Vielleicht ist es eure Aufgabe, einfach hier zu sitzen, und meine Aufgabe ist, den Garten zu pflegen.« Er schaute sie verblüfft mit großen Augen an: »Das hat uns noch niemand gesagt, dass es vielleicht unsere Aufgabe ist, hier zu sitzen.«

Als Regula diese Geschichte anlässlich eines »Politischen Labyrinthgesprächs« erzählt, löst sie bei den am Gespräch Beteiligten Irritation aus. Eine Teilnehmerin meint, diese Aussage höre sich fatalistisch an. Ob sich mit dieser Grundhaltung etwas verändern lasse? Regula kontert: Zuerst müsse die Situation, so wie sie sei, wahrgenommen und akzeptiert und den Menschen in ihren jeweiligen Lebensumständen ihre Würde (zurück)gegeben werden. Erst daraus könne die Kraft und der Impuls zu möglichen Veränderungen kommen.

Der Gedanke, den eine Labyrinthfrau beim alljährlichen Einsingen des Frühlings am Gründonnerstag ausgesprochen hat, drückt unseren Wunsch für diesen Platz und die ganze Stadt aus:

Lasst uns die Kultur der »guten Nachrede« pflegen;
lasst uns in sie investieren und ihr vertrauen.

Das Labyrinth – Ein »unspektakuläres« Monument der menschlichen Kulturgeschichte

Wir erhalten öfter Besuch von Gruppen aus dem In- und Ausland. Nach der Besichtigungstour durch die Innenstadt, dem Betrachten von Kulturgütern, Kirchen, Denkmälern und Museen, alten und neuen architektonisch eindrucksvollen Bauwerken finden sich die BesucherInnen, etwas erschöpft, im Labyrinth ein. Hier ragt kein Turm in die Höhe, keine Glocke läutet zum Empfang, kein Schild weist den Weg. Es wird auch kein Eintrittsgeld verlangt und Öffnungszeiten anzuzeigen, erübrigt sich, weil das Labyrinth nie geschlossen ist. Dennoch handelt es sich um ein Kulturgut, ein sehr altes und bedeutsames Erbe der Menschheit, das in der Kulturgeschichte immer wieder auftaucht, verschwindet und wieder auftaucht. Ein unspektakuläres Monument, dessen Alter niemand anzugeben weiß und das im Laufe der Jahrhunderte immer neue Deutungen erfuhr. Was also den Besucherinnen und Besuchern erzählen? Sie nach dem Kulturmarathon durch die Stadt zur Ruhe kommen lassen? Nicht reden, sondern schweigen? Ein Glas Wasser anbieten? Sollen wir einfach der Spur am Boden vertrauen, ohne weitere Erklärung, dass sie die Menschen auf verschlungenem Pfad zu ihrem eigenen Begehren führt? Hinein und hinaus und wieder hinein – zur Gewissheit, immer neu anfangen zu dürfen?

Sind Labyrinthplätze »Nicht-Orte«?

In der Soziologie taucht der Begriff »Nicht-Orte« auf und wird diskutiert im Zusammenhang mit Globalisierung und Migration (vgl. Augé 1994). Nicht-Orte sind Plätze, die sich weltweit ähneln. Flughäfen, Bahnhöfe, in denen wir uns mittels Piktogrammen orientieren können. Verpflegungsketten, Einkaufsmeilen, Fitnessparks, die für viele freiwillige und unfreiwillige Globetrotter zu so etwas wie punktueller Heimat geworden sind.

Eine Labyrinthfrau erzählt:
»Vor bald 20 Jahren habe ich eine Gruppe chilenischer Asylsuchender bei ihrer Abschiebung nach Spanien begleitet. Sie hatten bereits mehrere Jahre in der Schweiz gelebt und wir hatten bis zuletzt für ihr Bleiberecht gekämpft, vergeblich. Es blieb ihnen nur, nach Chile zurückzukehren oder in Spanien zu versuchen, eine neue Existenz aufzubauen. Am Tag nach unserer Ankunft machten wir einen Stadtbummel durch Madrid. Alle waren niedergeschlagen, sprachen niemanden an, obschon sie sich hier im Gegensatz zur Schweiz problemlos verständigen konnten. Plötzlich hellten sich ihre Gesichter auf. Sie hatten einen McDonald's entdeckt und die Gruppe stürzte sich förmlich in dieses Lokal. Vermutlich erinnerte es sie an die Sonntage, an denen sie sich zusammen mit Freunden in Zürich im McDonald's verpflegt und getroffen hatten. Hier fühlten sie sich zu Hause und willkommen, hier wussten sie sich zu benehmen.«

Nicht, dass wir jetzt Stadtplanern und Architekten empfehlen möchten, an jeder Straßenecke ein McDonald's-Lokal einzurichten. Aber dieses Erlebnis hat uns nachdenklich gemacht und die Beziehung zu den weltweit sich gleichenden »Nicht-Orten« verändert.
Im Labyrinth treffen wir immer wieder Menschen fremder Herkunft an, die freudig berichten, sie hätten eine Pflanze aus ihrer Heimat entdeckt, oder fragen, ob sie eine Pflanze aus ihrem Heimatort mitbringen und hier pflanzen dürfen.

Neulich abends im Labyrinth die Begegnung mit einem jungen Mann, der eine Mohnblüte in der Hand hält. Ich runzle die Stirn und erkläre ihm, dass es hier eigentlich nicht Brauch sei, Blumen zu pflücken. Da erzählt er, dass ihn der Mohn an seine Kindheit in einem kurdischen Dorf erinnere, wo die Felder im Sommer voller Mohn standen. Dann folgt die leidvolle Geschichte seiner Familie mit Verfolgung, mehrmaliger Flucht bis sie schließlich hier gelandet, vielleicht auch gestrandet sind. Unterdessen hat er hier die Schule besucht, eine Lehre abgeschlossen. Später will er studieren. Eigentlich möchte er aber eines Tages nach Kurdistan zurück. Er habe auch ein Projekt und während er versonnen seine Mohnblüte betrachtet, sagt er: »Ich möchte ein Baumpflanz-Projekt starten. In Kurdistan werden viele Bäume abgeholzt und die Landschaft versteppt. Ich be-

greife, dass die Kurden Feuerholz brauchen, aber sie müssen auch wieder aufforsten. Jeder Kurde sollte mindestens fünf Bäume pflanzen.«

Das Labyrinth als begehbares Bild spricht für sich. Eigentlich ist es ein Piktogramm. Es muss nicht erklärt und gedeutet werden. Die Menschen, die es begehen, verstehen unmittelbar, sozusagen körperlich, jede/jeder auf ihre/seine Weise. Labyrinthe haben alle eine ähnliche Struktur: Der eine Weg, der kreuzungsfrei aber mit Umwegen pendelnd zur Mitte führt und wieder hinaus. Dass sich das Labyrinth in einem Stadtteil mit einem hohen Ausländeranteil und einer großen Sprachenvielfalt oder einem »Sprachengewirr« – es sollen hier fast 200 Muttersprachen gesprochen werden – als »Verständigungsmittel« bewährt, ist uns erst im Laufe der Zeit bewusst geworden.
Könnten Labyrinthplätze in unserer Zeit zu so etwas wie »Nicht-Orten« werden? Plätze, wo sich Menschen orientieren können, auch wenn sie ortsunkundig und fremdsprachig sind? Nicht-Orte des Innehaltens, Wiedererkennens, sich Zurechtfindens. Kleine Heimat-Inseln für MigrantInnen, Flüchtlinge, GlobetrotterInnen, Weltreisende.
Im Gesuch für einen Labyrinthplatz in Zürich haben wir 1989 geschrieben:

> So selbstverständlich wie Fußballplätze, Hallenbäder, Schießplätze, Bibliotheken und andere öffentliche Einrichtungen sollte in größeren Gemeinden und Städten den Bewohnerinnen und Bewohnern ein Labyrinthplatz zur Verfügung stehen.

Heute würden wir ergänzen: Nicht nur StadtbewohnerInnen, auch Durchreisende mit und ohne Transitpapiere brauchen einen Labyrinthplatz.

Boden bereiten – arbeiten mit dem Labyrinth

Agnes Barmettler

Unterwegs mit anderen

Was ist es, das mich antreibt, was mich auch nach vielen Jahren noch immer in Bewegung versetzt und immer wieder neu begeistert bei der Arbeit mit dem Labyrinth?
Wahrscheinlich ist meine Liebe zu diesem Bild entsprungen aus einem tiefen Bedürfnis, das mich bereits seit meiner Kindheit begleitet: die Freude am Lernen. Ich wollte und will noch immer die Welt entdecken, die verschiedenen Lebensbereiche in einem Zusammenhang erfahren, möchte wissen, was mein Leben und die Welt mit allem, was dazugehört, im Innersten zusammenhält.
Ich sehe im Labyrinth ein großes, mütterliches Wesen, das mich All-umfassend als winzig kleines Etwas in einem Ganzen aufnimmt, mir erlaubt, mich fortlaufend zu entwickeln und zu werden. In stetigem Wandel kann ich nach und nach alles mir Mögliche entfal-

ten. Im Labyrinth erlebe ich immer wieder eine Art Initiation, ein Aufgenommen-Sein in eine größere Gemeinschaft. Ich werde mir dabei bewusst, ich könnte nichts Wesentliches über mich erfahren, gäbe es nicht das Andere, das Fremde, wären da nicht die anderen Menschen mit ihren Bedürfnissen und Beweggründen. Manchmal, wenn ich ihnen auf dem Labyrinth-Weg begegne, frage ich sie danach. Sofern sie antworten wollen, gleichen sich jeweils ihre Aussagen in einem Punkt. Sie reden nie belanglos daher. Sie zeigen mir etwas ganz Persönliches aus ihrer Welt, reden über Wesentliches aus ihrem Dasein, aus ihrer Sicht des Hier und Jetzt.

Das Labyrinth regt an zu Gesprächen aus der Tiefe des Seins.

Es ließe sich einwenden, so etwas sei immer möglich, bei irgendeinem Gespräch, irgendwo, nicht nur im Labyrinth. Mag sein, vielleicht bin nur ich in dieser Situation offener, aufmerksamer und empfänglicher als sonst.
Was ereignet sich, wann immer und wo auch immer eine echte, zwischenmenschliche Begegnung möglich wird? Da kommen ähnliche Voraussetzungen ins Spiel, wie sie auf dem Labyrinth-Weg gegeben sind. Menschen geraten in Schwingungen, sobald sie sich gegenseitig öffnen, sich aufeinander einlassen und herausfinden wollen, wer ihr Gegenüber ist. Auf Umwegen lernen sie einander kennen, tasten sich aufmerksam aneinander heran, halten Distanz und bewegen sich gleichzeitig aufeinander zu. Langsam kommen sie einander näher, suchen Gemeinsamkeiten. Das Vertrauen zum Weitergehen ist geweckt, sie trauen sich, etwas miteinander anzufangen, wagen zu fragen, eventuell zu widersprechen und vielleicht auch, einander zu lieben.

Mit einer ähnlichen Behutsamkeit kann ich auch an irgendein Thema herangehen, das mich brennend interessiert. Worum geht es? Was will ich erreichen? Das Labyrinth hilft mir beim Erforschen, beim Eingehen auf das Wesentliche der Aufgabe und beim Herausfinden meiner Möglichkeiten, sie anzupacken und auszuführen. Ich lasse mich ein.

In einem kreativen Prozess folge ich dem labyrinthischen Faden. Ich entwickle ihn Schritt für Schritt, Rundgang um Rundgang. Laufend fallen mir Antworten zum Thema ein und neue Fragen. Aus wechselnden Entfernungen, Blickrichtungen und Standpunkten betrachte ich diverse Aspekte meiner Aufgabe, bis ich zum Kernanliegen gelange.
Nun stehe ich da mit der Frage: Wie setze ich die gewonnenen Einsichten um? Mit wem und mit welchen Mitteln komme ich dahin? Was kommt dabei heraus? Beim Hinausgehen nehme ich den Faden wieder auf, gehe nochmals den gleichen Weg und schaue alle Aspekte erneut an. Punkt für Punkt untersuche ich sie auf ihre Realisierbarkeit, erwäge und plane die jeweils gangbaren Schritte zur Ausführung. Beim Herausfinden des Wie ist der Prozess nun ähnlich wie beim vorherigen Eingehen auf das Was. Rundgang für Rundgang setze ich mich auseinander mit den möglichen positiven oder negativen Auswirkungen meiner Vorhaben. Ich verwerfe angestrebte Lösungen und finde überraschend neue.
Das Labyrinth stellt Beziehungen her. Es erinnert an die Zusammenhänge von allem, was ist.

Antworten und verantworten, arbeiten mit dem Labyrinth

Sobald ich bei meinem Handeln die Folgen mitbedenke, die mein Tun auf die verschiedenen Lebensbereiche eines größeren Ganzen hat, wird mir bewusst, ich bin ein interaktiver Teil dieses Ganzen. Ich bin mittendrin im wechselseitigen Wirkungsfeld der Kräfte. Aktiv und passiv bin ich ein Teil davon und mittendrin könnt ich das Zünglein an der Waage sein beim Halten oder Kippen des Gleichgewichts. Plötzlich wird die Sicht auf meine Aufgabe komplex. Ich bin dauernd unterwegs mit dem Anderen. Ich bewege und werde bewegt.

Was passiert eigentlich, wenn Bilder bewegen? Was kann Kunst anderes als bewegen? Impulse auslösen, ja, das kann sie. Die Werke überleben vor allem deshalb, weil sie immer wieder die eigene kreative Kraft der Menschen anregen und somit von Generation zu Generation nochmals neu geschaffen werden. Das Labyrinth ist ein solches Erbe aus der Urzeit geworden. Es hat zahlreiche Kulturen überlebt. Es inspiriert noch immer zu eigenen Schritten.

Das Labyrinth ist ein Bild, das ich betreten kann und auch wieder verlassen. Sobald ich mich darin bewege, bin ich ein Teil des Bildes, bin ich im Bild.

Alle Menschen sind auf je eigene Weise begabt und kompetent, dieses Bild zu verstehen, und deshalb haben wir Frauen auch alle eingeladen zu regelmäßigen Treffen auf dem Labyrinth unter freiem Himmel. Wir wollten das Urzeichen brauchen, seine Weisheit zusammen mit einer interessierten Bevölkerung hautnah erfahren, unser Zusammenkommen zum Fest machen. Das Labyrinth ist unser Versammlungsort, ein Vertrauen erweckender Raum.

Dabei ist zu beachten: Beim Arbeiten mit dem Labyrinth während einer Veranstaltung, die im öffentlichen Raum für alle frei zugänglich ist, gelten nicht die gleichen Voraussetzungen wie für die Arbeit in einem geschützten, internen Rahmen anlässlich von Kongressen, Seminaren, Workshops oder Familienfeiern ...
Bei unsern Veranstaltungen auf dem Labyrinth haben wir uns immer ganz bewusst mit Bildern und mit einer Sprache befasst, die an einem öffentlichen Ort geeignet sind, sich nicht speziell an Insider wenden und nur für sie verständlich sind. Neben Musik, Theater und Tanz setzen wir sie ein als künstlerische Mittel für eine kreative Umsetzung von persönlichen, alltäglichen Erfahrungen. Auf diese Weise können alle sich beteiligen an einem kreativen Prozess, Kinder, Frauen und Männer. Gemeinsam gehen wir durch verschiedene Themen unserer Zeit, leuchten jeweils die entstandenen labyrinthischen Bilder aus beim Reden darüber. Der gegenseitige Austausch von gemachten Erfahrungen geht auch noch weiter beim gemeinsamen Essen von mitgebrachten Speisen. Das gehört zu den Labyrinth-Festen des öffentlichen Frauenplatzes. Sie werden zum Brauch.

Regelmäßig wiederkehrende Feste werden vor allem dann zum Brauch, wenn sie verknüpft sind mit Ereignissen, die für den Fortbestand des Lebens und für die Gemeinschaft der Menschen eine besondere Bedeutung haben. Die alten Bräuche mit ihren symbolhaften Bildern zu Schwangerschaft und Geburt, zu Wachstum und Hochzeit, zu Reife und

Ernte, zu Tod und Umwandlung wurden meist auch verbunden mit den Jahreszeiten und ihren Fruchtbarkeitszyklen: Der Winter (Umwandeln und Vorbereiten) ist verbunden mit Ruhe und Schwangerschaft, der Frühling (Keimen und Wachsen) mit Geburt und Erwachsenwerden, der Sommer (Blühen und Samen bilden) mit Hochzeit und Fortpflanzung, der Herbst (Reifen und Ernten) mit Weitergeben, Alter und Sterben. Soweit die Bräuche noch immer gefeiert werden, stehen sie auch heute noch in Verbindung mit diesen Zyklen des Lebens, auch wenn dies häufig, vor allem in städtischen Gemeinschaften, so wenig bewusst ist, wie der zwischenmenschliche Zusammenhalt, der durch solche Bräuche immer wieder in Erinnerung gerufen und neu belebt werden könnte.
Solche inhaltliche Verbindungen sehen wir auch im Urzeichen Labyrinth überliefert.
Weil einige Bräuche, wie jene zur Menschwerdung, zu Hochzeit und Tod, inzwischen fast nur noch im engeren familiären Rahmen gefeiert werden, haben sie ihren Gemeinschaft bildenden Charakter verloren. Deshalb schenken wir an unseren Labyrinthfesten diesen Ereignissen sowie andern lebenswichtigen Themen unsere besondere politische Aufmerksamkeit und wir machen sie erneut zum öffentlichen Brauch. Labyrinthe eignen sich besonders gut dafür.

Eine Vision hat Gestalt angenommen. Das Labyrinth im Zeughaushof Zürich ist ein Ort der Besinnung und der Begegnung geworden, ein Kultur- und Kommunikations-Modell für den Umgang im öffentlichen Raum.

Kultur- und Orientierungsmuster Labyrinth

Wir brauchen das Labyrinth als Orientierungsbild, nehmen seine wegweisende Struktur als Anleitung für unsere öffentliche Arbeit mit dem Zeichen.
Jedes Labyrinth besteht aus einer bestimmten Zahl von Umgängen um eine Kehrtwende im Zentrum und, je nach Wegführung, aus unterschiedlich vielen, aber mindestens vier Wendepunkten an den richtungsweisenden Labyrinth-Achsen.

Es ist also bereits ein Weg gegeben, wie ein Thema mit Hilfe der labyrinthischen Struktur anschaulich angegangen werden kann. Die sieben Umgänge könnten z. B. sieben Sachen sein, die wir bei einem Thema genauer anschauen wollen, die Töne der Tonleiter mit der Oktave in der Mitte oder sie könnten für sieben Grundbedingungen des menschlichen Daseins stehen – eine weibliche Sicht der Conditio humana.

Alle Menschen sind:
- aus einer Frau geboren,
- Kinder derselben Erde, leben auf ihr und von ihr,
- abhängig von Zuwendung und Liebe,
- begrenzt in ihren Schwächen und Stärken,
- lebensfähig, wenn sie atmen, essen, trinken, ausscheiden,
- bedürftig, sich geistig und körperlich zu bewegen, zu entwickeln und zu entfalten,
- vergänglich, sterblich.

Und dies alles sind sie:
- egal ob Frau oder Mann,
- egal von welcher Herkunft, aus welchem Erdteil oder Kulturkreis kommend,
- egal mit welchen körperlichen oder geistigen Eigenschaften begabt,
- egal in welchem Alter,
- egal wie verschieden ihre individuellen Lebensbedingungen sind,
- egal ob sie gefördert, vernachlässigt, übergangen oder gewürdigt werden,
- egal wie verschieden sie sind und wie unterschiedlich sie leben.

Vom Labyrinth und im Austausch miteinander lernen wir immer wieder neue Schritte zu ungewohnten Arten von Kommunikation im öffentlichen Raum.
Wir setzen das Labyrinth in diverse Beziehungen zum jeweiligen Ort und der Zeit, zu den Beteiligten und darüber hinaus. Es ist für uns zum Kultur- und Orientierungsmuster geworden für einen achtsamen Umgang mit allem, was ist.

Für die Orientierung am Standort sind die Himmelsrichtungen hilfreich. Wo ist der Orient, der Sonnenaufgang zu welcher Jahreszeit? Wohin schaue ich bei Betreten oder Verlassen des Labyrinths? Woher komme ich, wohin gehe ich? Der Ein-/Ausgang des Labyrinths ist sowohl der Anfang des Weges hinein in den Raum des Bildes als auch der Anfang für den Weg in den geographischen Raum darum herum.
Was nehme ich wahr? Was gehört zu mir? Was verbindet mich mit dem, was ich hier sehe, höre, mit dem, was ich weiß oder mir vorstelle? Wie teile ich meine gewonnenen Einsichten mit den anderen Anwesenden?
Beim Erarbeiten eines Themas, das wir mit Hilfe des Labyrinths ergründen wollen, nehmen wir nebst den Umgängen oder den Wendepunkten z. B. die Himmelsrichtungen und geben ihnen Farben oder Symbole, eine zum Thema passende Bedeutung.

Ein Beispiel:
Wir haben für die Himmelsrichtungen vier Farben gewählt und ihnen die vier Elemente und weitere thematische Bezüge zugeordnet:

- Norden (gelb, ocker) steht für das Element Erde, für die Kräfte des Körpers, für die atomare Energie der Materie.
- Osten (weiß) steht für das Element Luft, für die Atmung, die geistigen Kräfte des Denkens, der Inspiration, für die Energie des Lichts.
- Süden (rot) steht für das Element Feuer, für die Kräfte des Willens und Begehrens, für die Energie der Wärme.
- Westen (blau) steht für das Element Wasser, für die Kräfte in den Wogen der Gefühlswelt, den wechselnden Empfindungen, für die Energie der Umwandlung.

Solch frei gewählte Zuordnungen sind eine Art Werkzeug für assoziative Entdeckungsreisen, für labyrinthische Bilder, die wir mit den Anwesenden gestalten.
Wir lassen uns gehen durch die Windungen und Wendungen des Labyrinths, tauchen ein ins Unbekannte. Es überrascht und begeistert uns. Gedanken schwingen mit und tanzen mit dem Körper durch Raum und Zeit.

Labyrinthische Bilder

Unsere labyrinthischen Bilder sind eine Art von improvisierter Kunstperformance, die sich besonders eignet für interaktives Gestalten im öffentlichen Raum. Selbst schwierige Themen können mit den Mitteln dieser Kunstform angegangen werden. Wir ermuntern die Teilnehmenden und fordern sie auf, sich zu äußern: mit Körpersprache, mit Gebärden, mit Hilfe von improvisierten Szenen, Musik und Tanz. Als Hilfsmittel nehmen wir gewöhnliche Dinge aus dem Alltag, z. B. Tücher, Gießkannen, Schuhe, Besen, Nägel oder Steine ... Wir geben den gewählten Gegenständen eine Rolle für die Gestaltung des Bildes. In Beziehung zum Thema bekommen sie plötzlich eine ungewöhnliche Bedeutung. Mit kleinen Regieanweisungen kommt ein kreatives Spiel in Gang. Die Teilnehmenden sind ganz bei der Sache, verlieren ihre anfängliche Scheu, öffnen sich unbekannten Menschen, heiter lachend und feierlich ernst. Ein wahres Fest! Als Unterstützung laden wir Kulturschaffende der verschiedenen Kunstgattungen ein oder Gäste aus der Wissenschaft, der Medizin, der Politik und den Medien ... Ihr Beitrag zum Thema wird jeweils in die labyrinthische Performance integriert.

Im Verlauf der Jahre entsteht von Fest zu Fest die Entwicklung eines Kunstwerks, an dem sich Personen aus unterschiedlichen Kunst- und Fachrichtungen über einen längeren Zeitraum wechselseitig beteiligen. Der Prozess dieser Kunstgattung wird »Art in Progress« genannt. Der Ort des Geschehens und auch das Publikum werden in den kreativen Ablauf einbezogen. In einem fortgesetzten Austausch beeinflussen alle Anwesenden den Werdegang ihres gemeinschaftlichen Werks, schärfen und verändern im Verlauf der Zeit ihre Wahrnehmung und ihr Verständnis sowohl für die eigenen Belange als auch für jene der anderen. Die Beteiligten erkennen plötzlich die bisher unbekannten Zusammenhänge zwischen den unterschiedlichen Lebensbereichen. Mit Hilfe des Labyrinths können wir fast spielerisch das Interesse für die jeweiligen Themen wecken und sie miteinander in Beziehung bringen. Nach und nach üben wir uns ein in einer Kunstgattung, die wir laufend selbst erfinden und erweitern. Wir schaffen lebende Bilder, die kommen und gehen wie die Menschen, die sie gestalten. Was entsteht, können alle Beteiligten mitnehmen und

dennoch bleibt es am Ort. Im Labyrinth ist alles aufgehoben. In seinen Windungen speichert es die einzelnen Schritte des gemeinsamen, kreativen Prozesses, erinnert an sie und bringt sie in Beziehung zueinander.
Die plötzliche Eingebung, der Gedankenblitz aus heiterem Himmel, wer kennt das nicht? Im Labyrinth kommen sie häufiger und irritieren mehr als anderswo. Die Wendepunkte und die Steine am Wegrand eignen sich besonders gut als Anker für neu gewonnene Einsichten. Überraschendes bleibt haften und sucht sich passende Querverbindungen.

Das Gehirn sucht Orte zum Andocken für das Abrufen von Erinnertem. Ein Labyrinth-Garten mit seiner Vielfalt an sinnlichen Eindrücken ist dafür sehr geeignet. Die Erinnerung nährt sich und wird belebt von sinnlichen Erfahrungen. Sie merkt sich Farben und Formen, Rhythmen und Klänge, kleinste Nuancen von Geschmäckern und Gerüchen, sie versteht und begreift via Füße und Hände. Sie liebt und nimmt das Naheliegende, fasst es zusammen in Bilder, spannt den Bogen in weite Ferne und in ganz andere Zusammenhänge. Auch später, an anderen Orten, sind die Bilder plötzlich wieder da, lebendig mit allen Details.

Wenn ich an gewissen Stellen im Labyrinth immer wieder ähnliche Gespräche höre, staune ich und lache verschmitzt, weil plötzlich labyrinthische Bilder vor meinem inneren Auge wieder entstehen, die vor Jahren an dieser Stelle für eine Weile lebendig werden durften. Ich höre und sehe z. B. die Kinder mit spitzen farbigen Hütchen durch das Labyrinth wandern. Fröhlich lachend, begleitet von einer Clown-Frau sind sie voller Vorfreude und Erwartungen für den ersten Schultag. Dann sehe ich wieder andere Kinder mit Steinen in den Händen, wie sie den Takt angeben und aufmerksam dem Kling-Klang ihrer Steinmusik lauschen. Konzentriert und still gehen sie zu ihrer Musik und genießen die Zuschauenden am Rand, die ebenfalls plötzlich ungewohnt leise werden. Die sieben Zwerge kommen mir in den Sinn. Das Labyrinth ist verzaubert und voll von verborgenen Schätzen. Auf dem äußersten, dem längsten Umgang des Labyrinths, dort, wo am Wegrand die meisten Randsteine liegen, denke ich an sie und an Menschen, die »am Rande der Gesellschaft« stehen, verachtet und kleingemacht im Vergleich zu jenen im Zentrum der Aufmerksamkeit.

Im labyrinthischen Hin und Her relativieren sich die Bewertungen von klein und groß, von sog. Minderheiten und Mehrheiten, von vorn und hinten, von schnell und langsam. Die Unterschiede machen den Reichtum aus, von allem, was ist. Unterscheiden dient der Wahrnehmung. Die Unterschiede als etwas Einzigartiges erkennen und benennen, erleichtert die Verständigung.
So ist z. B. die Spirale kein Labyrinth, so wenig wie konzentrische Kreise weder eine Spirale sind noch ein Labyrinth, auch wenn die drei Zeichen sich bei raschem Hinsehen gleichen. Der Klee ob mit drei, vier oder mehr Blättern bleibt zwar Klee und dennoch verbinden wir das Außergewöhnliche mit Glück. Unterschiede wahrnehmen und (be)achten, macht tatsächlich glücklich.

Werte sind nicht dasselbe wie Bewertungen. Nicht alles, was oben ist oder höher liegt, ist allein deshalb schon erstrebenswert und besser. Der wirkliche Wert von Größe verlangt nach einer anderen Messweise.

Die Weisheit des Labyrinths kennt das Geheimnis der Gleich-Gültigkeit.

Jeder Gang durchs Labyrinth öffnet mir die Sinne für ungewohntes Wahrnehmen. Ich sehe nun auch die einzelnen Steine am Wegrand in ihrer Einzigartigkeit als eigenständige Wesen, erkenne ihre Stellung im Gefüge eines Ganzen. Jeder hat ein eigenes Gewicht, individuelle Form und Größe, ist je richtig und wichtig an seinem Ort. Wir sind Verwandte, Verbündete, denke ich, und es kommen mir die vielen Frauen und Männer in den Sinn, die an ihrem Ort ein Labyrinth gegründet haben und dort auf je einzigartige Weise am Faden der Ariadne spinnen. Verlässlich wie diese Steine halten sie ihre Stellung. Wir wissen uns verbunden im Länder überspannenden Netz von öffentlichen Labyrinth-Plätzen und wir orientieren uns neu im Verständnis von menschlichem Maß und Zuteilung von Werten.

UrSprünge und BeWegGründe

Agnes Barmettler & Rosmarie Schmid

Das Labyrinth, ein Erbe unterschiedlicher Kulturen

Agnes Barmettler

Überlieferte Weltbilder

Das Labyrinth ist ein überliefertes Urbild, ein Erbe unterschiedlicher Kulturen. Wie andere Urbilder hat es im Verlauf seiner langen Geschichte auch unterschiedliche Deutungen bekommen. Diese geben Einblicke in die jeweiligen Kulturen und zeigen auch den Wandel ihrer Weltbilder im Verlauf der Zeit.

Dasselbe gilt für die mündlich überlieferten Geschichten in Sagen, Mythen, Märchen und Liedern. Sie sind ein reicher Schatz von diversen Lebensentwürfen weltweit. In anschaulichen Gleichnissen erzählen sie von menschlichen Verhaltensweisen, die das langfristige

Überleben einer Gemeinschaft ermöglichen, sofern Einzelne und Gruppen ihr Leben nach den Voraussetzungen ausrichten, die am jeweiligen Ort vom natürlichen Umfeld gegeben sind. Diese Geschichten zeugen von einem weit verbreiteten Wissen um elementare Lebensgrundlagen. Sie berichten vom Segen verbindlicher Regeln für ein gutes Zusammenleben und warnen vor den verheerenden Folgen, welche durch unbedachtes oder mutwilliges Abweichen von den Gesetzen des Lebens entstehen können.

Der griechische Mythos vom minoischen Labyrinth

Da dieser Mythos sowohl in älteren wie auch neueren literarischen Texten wie auch in der Labyrinth-Literatur ausgiebig behandelt wurde, setze ich die von den Griechen überlieferte Geschichte vom Labyrinth als bekannt voraus und möchte daher hier den Inhalt nur kurz skizzieren.

Es ist die Geschichte vom griechischen Helden Theseus und seinem Sieg über das stierköpfige Ungeheuer Minotaurus, das im minoischen Labyrinth von Knossos gefangen ist. Die Enkelin der Göttin Europa und kretische Königstochter Ariadne gibt dem Griechen den Faden für den labyrinthischen Weg. Dank ihrer Hilfe kann der Held aus dem gefährlichen Labyrinth entkommen, nachdem er das Monster getötet hat. So erlöst er Athen von der Tributpflicht an Kreta, welche von den Griechen verlangt: dem Minotaurus im Labyrinth müssen alle neun Jahre sieben Jungfrauen und sieben Jünglinge als Menschenopfer dargebracht werden.

Der Mythos vom minoischen Labyrinth ist eine Entwicklungsgeschichte, reich an Bildern. In vielschichtigen Strängen erzählt sie Wesentliches von der europäischen Kultur, von ihrem Anfang im Mittelmeerraum bis in die Gegenwart. Sie handelt von einem Trickster, der in unterschiedlichen Gestalten trotz vieler Verirrungen immer wieder mit fremder Hilfe einen Weg findet und sich aus den Folgen seines Tuns befreien kann – mit List, Täuschung, Verrat und Gewalt ... Nachträglich kann die Geschichtsschreibung, »his-story«, das Gewesene vertuschen oder es schönreden, verklärend ausschmücken und als nachahmungswerte »Heldentat« darstellen.

Irrgänge und Verwechslungen

Wenn ich den Mythos vom minoischen Labyrinth 1:1 wörtlich nehmen würde und gar nicht wissen wollte, welche Bilder darin enthalten sind oder welches Zeichen auf den Münzen aus dem minoischen Kreta dargestellt ist, läge es nahe, das Labyrinth als einen Irrgang zu verstehen. Die Verwechslung der beiden Zeichen ist aus der gängigen Deutung dieses Mythos verständlich. Die Wortbezeichnung Labyrinth wird bis heute als Metapher für alles gebraucht, das schwer durchschaubar, unübersichtlich und deshalb verwirrend erscheint.
Es ist auffallend, dass Irrgänge und Irrgärten zu Beginn der sogenannten »Neuzeit« erst relativ spät vorkommen, just zu der Zeit als die europäischen Eroberer mit ihren Schiffen auf dem vermeintlich kürzesten Seeweg nach Indien in Richtung Westen segelten und sich an die Ufer eines unbekannten Kontinents verirrten. Sie nannten deshalb die dortigen Menschen »Indios, Indians, Indiens oder Indianer«. Obwohl wir heute längst wissen, dass sie nicht in Indien an Land gingen, nennen die meisten Europäer irrigerweise diese Völker noch immer so. Genauso ist es, wenn der Irrgang noch immer Labyrinth genannt wird.

Der Mann im Labyrinth – der Schlangenmythos der Hopi

Im Unterschied zum Mythos des minoischen Labyrinths aus dem Mittelmeerraum, sind die Geschichten aus dem trockenen Südwesten der USA, die von den Hopi und anderen Urvölkern überliefert wurden, weniger bekannt, aber vergleichbar interessant. Deshalb erzähle ich einen Mythos dieser Region. In Verbindung damit wird das dort ebenfalls überlieferte Bild des Labyrinths »tsua ki« = Schlangenhaus genannt.
Der Schlangenmythos der Hopi erzählt die Geschichte eines jungen Mannes auf dem Initiationsweg zu den Geheimnissen des Lebens und seiner Reproduktionskraft, sichtbar in der sich ständig erneuernden Fruchtbarkeit der Erde. Begleitet wird der junge Sucher von der Spinnen-Frau, nach Hopi-Überlieferung die Schöpferin des Lebens. Sie führt ihn, ähnlich wie Ariadne (Arachnida = Spinnentiere) auf seinem labyrinthischen Weg.

Seine Reise beginnt auf dem Wasser, er gelangt über die Meere zu fremden Völkern. Auch dieser Mann begegnet einigen Schwierigkeiten und Monstern. Doch er reagiert anders als der griechische Held. Er befreit sich dank der Hilfe der Spinnen-Frau von seiner Furcht und kann die Ungeheuer befrieden, indem er sie beschenkt, z. B. füttert. Auf diese Weise gewinnt er auch das Schlangenmädchen, seine künftige Lebenspartnerin.
Auf Geheiß der Spinnen-Frau muss er aber noch auf seine Braut warten und zuerst die Hüterin der festen Substanzen besuchen, bei der die Materie, alle Schätze der Erde, verborgen sind. Sie kennt die Geheimnisse der Fruchtbarkeit. Mit ihr erfährt er in der Vereinigung von Mann und Frau die Erneuerung des Lebens. Dabei lernt er von ihr, dass auch die Erde im Verlauf der wiederkehrenden Tages- und Jahres-Zyklen ihre Fruchtbarkeit erneuert, dank ihrer Verbindung mit den Kreisläufen des Wassers und der Gestirne, Sonne und Mond. Zum Abschied bekommt er von der Frau einen Sack voller Schätze, den er ungeöffnet heimbringen soll. Nun bekommt er endlich seine Braut, die er auf der Rückreise nicht berühren darf. Auf der Heimreise befolgt er die letzte Anweisung, verliert aber die meisten der ihm anvertrauten Edelsteine, weil er seine Neugier nicht bezähmen kann und den Sack vorzeitig öffnet. Aus diesem Verlust lernt er, dass ein Hopi als bescheidener Bauer mit seiner Landarbeit und mit dem ihm anvertrauten Wissen über die Zyklen der Fruchtbarkeit ganz andere Schätze aus der Erde und aus der Verbindung mit der Frau gewinnen kann.

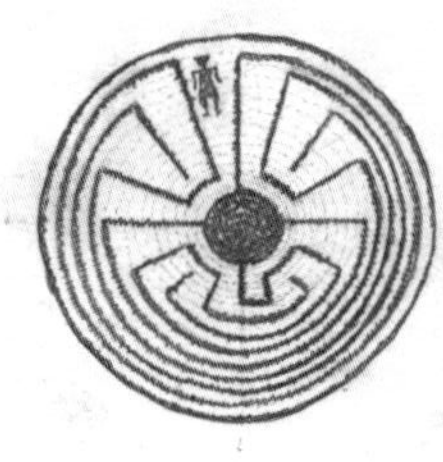

Das Labyrinth, bei den Pima, Papago und anderen indigenen Völkern in Arizona meist von Frauen als Flechtteller gestaltet, ist häufig mit einem Mann auf dem Weg dargestellt. Sowohl der für das Labyrinth aus der Hopi-Sprache überlieferte Name tsua ki (Haus der Schlange) als auch der Gebrauch als Flechtteller oder als silberner Gürtelschmuck, von Männern getragen, lässt auf eine enge Verbindung mit dem Schlangenmythos schließen. Zudem wurde das Labyrinth noch bis vor kurzer Zeit von den Hopi rituell gebraucht bei der Initiation von jungen Männern. Auf Felszeichnungen und Ritual-Gegenständen ist das Zeichen ebenfalls in verschiedenen Formen überliefert unter dem Namen *Tapuat* (Wiege oder Ursprung).

Als ich vor vielen Jahren das Labyrinth in den Sand zeichnete und einen Hopi-Ältesten fragte, welche Bedeutung dieses Bild in seiner Kultur habe, schaute er mich ungläubig an und sagte lachend: »Weißt du das nicht? Das ist die Frau oder auch Mutter Erde, es erinnert daran, woher wir alle kommen und wohin wir wieder zurückkehren. Es ist sehr heilig, wir reden nicht viel darüber.«

Vor der Einführung des Alphabets haben die alten Kulturvölker ihr Wissen aufgezeichnet in Glyphen und Bildern und zusätzlich alle wesentlichen Inhalte durch Mythen, Lieder, Tänze weitergegeben. Sowohl im jährlichen Zeremonien-Zyklus wie auch im täglichen Leben machen das die Hopi noch immer. Auf ihren Felszeichnungen, auf den bemalten Töpfereien oder den Webereien sind die Farben und das Design ihrer Bilder Träger von lebenswichtigen Inhalten, die von Generation zu Generation auch mündlich überliefert werden. Auf den Flechttellern der Frauen sind häufig diverse Zeichen für Fruchtbarkeit dargestellt: Wasser, Sonnenblumen, Schmetterlinge etc. Sie hängen als Wandschmuck in den Häusern und werden auch in den Zeremonien gebraucht. Beim Basketdance, einem Frauen-Ritual zur Erntezeit, halten die Tänzerinnen solche Flechtteller in ihren Händen und wiegen sie im Rhythmus der Lieder vor ihrem Bauch hin und her. Nach jedem Lied werfen sie einen kleinen Flechtteller in die Menge der zuschauenden Männer, ein heiß begehrtes und wild umkämpftes Geschenk. Als ich sah, mit welcher Geste ein glücklicher Fänger sich dafür bedankte, er presste das Kleinod an sein Geschlecht, musste ich schmunzeln. Ich dachte dabei an den alten Hopi und hörte sein Lachen, als ich ihn nach der Bedeutung des Labyrinths fragte. Von ihm weiß ich auch, dass der Flechtteller, den Hopi-Männer bei der Hochzeit bekommen, den Zyklus der weiblichen Fruchtbarkeit darstellt. Der Schlangenmythos der Hopi ist eng mit solchen Inhalten verbunden.

Auch dieser Labyrinth-Mythos ist eine vielschichtige Entwicklungsgeschichte. Auch sie erzählt Wesentliches über die Hopi und gibt einen guten Einblick in das Weltbild dieser Kultur. Auch hier gibt es einen Mann, der eine Abenteuerreise ins Ungewisse wagt und mit der Hilfe einer Ariadne oder Spinnen-Frau den vielfältigen und ungeheuren Gefahren beherzt begegnen muss. Doch hier geleitet sie diesen jungen Mann durch die Schule der Bescheidenheit. Er lernt, ihrem Leitfaden zu folgen, mit seinen Begehren umzugehen, kann mutig dem gewaltfreien Weg vertrauen, den sie ihm und seinen Nachkommen weist. Er erkennt darin den Hopi-Weg für ein friedvolles Dasein, für ein Frucht bringendes und langfristig gutes Leben.

Ur-Sprünge, Funde beim Forschen

Ein roter Faden geht durch beide Labyrinth-Mythen. Wenn ich sie miteinander vergleiche, stelle ich mir vor: Sowohl für Ariadnes Faden wie auch für das Ungeheure, das der Held im minoischen Labyrinth überwinden muss, könnten ebenso gut andere als die üblich bekannten Deutungsmuster gefunden werden.

Als ich mich als Malerin vor über 30 Jahren gleichzeitig mit der Hopi-Kultur und mit dem Labyrinth intensiv beschäftigte, studierte ich neben den überlieferten Mythen auch ihre Bildkunst, z. B. die Sandbilder. Dabei entstand ein Triptychon mit dem Titel »mother earth and father sky«. In den Flügeln nahm ich die weiblichen oder männlichen Attribute des Sandbildes auf, als Verbindung in der Mitte malte ich schlicht ein strohgelbes Labyrinth auf einem braunen Acker und darüber den Himmel mit der Sonne. Für die Dauer einer Ausstellung streute ich direkt unter das Ackerlabyrinth ein wenig gelben Maisschrot auf den Boden und zeichnete mit dem Finger einen Labyrinth-Weg hinein. Im unbewachten Raum war dieses kleine Bild sehr verletzlich. Doch die zahlreichen Besucher und Besucherinnen ließen es unangetastet. Viele waren sichtlich berührt und wollten wissen, was es bedeute; denn dieses Zeichen war damals den Wenigsten geläufig. Ich sagte nur, es sei ein Urbild der Menschen, deshalb könne auch allen etwas Eigenes in den Sinn kommen. »Könnte das eine Gebärmutter sein?«, kam ganz spontan von der Bäuerin, welche ein schönes und reiches Ernte-Büfett für die Gäste der Vernissage zubereitet hatte.

Aus dem Labyrinth entspringen, immer wieder überraschend, die wundersamsten Quellen, Funde für neue Einsichten. Welch eine Freude beim Zuhören, beim gemeinsamen Erforschen dieses Bildes, auch in der Gegenwart!

Labyrinth – ein lebendiger ErkenntnisWeg

Rosmarie Schmid

Vademecum von Z bis Labyrinth – bis A

Seit den Ursprüngen des Labyrinths vor vielen Tausend Jahren haben sich die Weltbilder verändert. Wenn wir forschen und reflektieren, verändern sie sich immer weiter. Hochindividualistisch ist es geworden in unserer Welt und gleichzeitig sind die Beweggründe des Zusammenlebens in allen Dimensionen von Störungen und Irritationen äußerst gefährdet, die Verluste und Verletzungen durch physische und psychische Gewalt haben weltweit die Werte aus dem Gleichgewicht geworfen im »Kleinen wie im Großen«. Die Verunsicherungen bewegen die Kriterien aller Sphären, wir sprechen ebenso von künftig möglichen Weltordnungen wie von Kleingruppen als Orte der Neuorientierung, als Orte der gegenseitigen Anerkennung.

Unser Labyrinth gehört dazu als ein Ort verdichteten Lebens in der Öffentlichkeit, doch wir können und wollen nicht so tun, als ob rund ums Labyrinth der Lebenslauf immer

koordiniert wäre. Nicht alle Beteiligten sind stark und glücklich, unsere Masken des Alltags sind auch hier schwierig zu durchschauen, doch in der kleinen Gruppe ist die versteckte Gewalt als Hindernis und die kreative Leidenschaft als innovative Ausdrucksform sehr bald zu erkennen.
Es gibt überall die Möglichkeit, wegzublicken oder sich einzukapseln; beides hat mit dem Labyrinth nichts zu tun. Im Gegenteil, *das Labyrinth hat keinen geschlossenen Kreislauf, alle Umgänge sind ineinander übergehend.* Um so mehr möchten wir die Prozesse und Geschichten des Labyrinths als Fragmente der Vernetzung wahrnehmen, als Spiegel unserer Differenzen und Gemeinsamkeiten, als Botschaften eines ganzheitlichen Lebensrhythmus.
Ich versuche, dies beim letzten Umgang unserer Labyrinth-Kapitel assoziierend darzustellen wie im Tagebuch eines *Vademecums. Geh mit mir,* ist die Übersetzung, in der Wegrichtung Z – A. Wie weit werde ich kommen?

Z – Wir sind ZeugInnen unserer Zeit
Erstmals in der Geschichte können die Menschen globale Vergleiche anstellen. Das Wort global gilt nicht bloß den Märkten, der Kunst, den Wissenschaften, der Reisefreudigkeit, hinter dem Wort global versteckt sich das Wort zukünftig. Die Fragen nach der Zukunft stehen nicht zufällig im Zentrum unserer Zeit, *zukünftig zu handeln, ist die eigentliche Zumutung des 21. Jahrhunderts.*

Das Labyrinth ist ein Vermächtnis aus prähistorischer Zeit. Es ist beheimatet in vielen unterschiedlichen Kulturen, durch das Labyrinth zu gehen, ist wie ein Gang durch alle Zeiten. Zweifel und Zuversicht führen ein Zwiegespräch über den Zeitgeist hin zur Zukunft.

In diesen zwanzig Jahren im Zürcher Zeughaushof hat unser Labyrinth viel Zutrauen verschenkt und bekommen, auch als Pionierplatz für »unzählige« andere Labyrinth-Orte.

Y – Das fremde Y im Wort Labyrinth, im Wort Symbol
Symbole verdienen eine besondere Achtsamkeit. Oft werden sie missverstanden und fi-

xiert gelesen wie moderne Signale oder Signets. Ursprünglich sind die Symbole vielschichtige Erkennungszeichen für ganzheitliche Werte und bestehen aus zwei oder mehr Teilen, die einander bedingen, wie das weibliche Yin und das männliche Yang oder wie beim Labyrinthbild die Struktur und der Weg oder wie der Apfel der Kinder, der beim gemeinsamen Essen die Zusammengehörigkeit erspüren lässt.

Das Labyrinth als Symbol ist kein unmittelbares Abbild der Natur, wie z. B. die Spirale, die sowohl im Schneckenhaus, im Wasserstrudel als auch in der Wissenschaft der Galaxien unseres Universums und in der Mikrophysik das biologische Schicksal der Evolution vermitteln kann.
Das Labyrinth entschlüsselt die komplexen Gegensätze der Lebensordnung von Leben und Tod, von Geborenwerden und Sterben, Vergehen und Neuwerden in ihrer Ganzheit. Als einfaches Wegsymbol macht das Labyrinth sichtbar, dass sich die Lebenskräfte auf der Erde nur in der steten Bewegung erhalten und erneuern können. Sei dies in den gegenseitigen Impulsen von Erde, Sonne und Mond im Kosmos oder in der Entsprechung von Herzschlag, Gehirn, Gedärm, Ohr und ihren Verbindungen zu jeder einzelnen Zelle im menschlichen Körper oder aber in den bewegten Veränderungen der Kultur-Muster des gemeinschaftlichen und gesellschaftlichen Lebens. Zu jeder Zeit und aus vielen Gründen waren die Menschen unterwegs auf dieser Erde, und diese Wanderungen hatten zu jeder Menschenzeit eine große Bedeutung, auch die Geschichte des Labyrinths weiß davon zu berichten.

Im Verlaufe der Jahre haben wir diese symbolischen Abbilder im Erlebnisfeld Labyrinth aufzuzeigen versucht, die Grundzahlen und Grundtöne als integrale Kräfte des Labyrinths dargestellt, die Veränderungen in der Natur mit den gesellschaftspolitischen Veränderungen in Verbindung gebracht, im Lernmodell Labyrinth die unterschiedlichsten Schönheiten kennengelernt.

In unserem BesucherInnenbuch mit der langen Namensliste aus aller Welt kommt das fremde Ypsilon sehr oft vor. Ich nehme ein Beispiele heraus für das Labyrinth-Spiel von Nah und Fern, für das Gespür von Fern und Nah.

Sumaya Farhat Naser: palästinensische Friedenskämpferin, auf ihrem Weinberg und in ihrer Schule südlich und nördlich von Jerusalem gibt es seit 2008 zwei Labyrinthe als Gestaltungsräume für gewaltfreie Kommunikation, für Friedenserziehung.
Thymian und Steine ist der Titel eines ihrer Bücher, es erzählt von hoffnungsvollen Begegnungen der palästinensischen und israelischen Friedens-Frauen. Leider haben sich die Situationen in den letzten Jahren verschlimmert. Die Begegnung mit Sumaya hier bei uns im Zeughaushof war tief bewegend, Thymian und Steine trotzen in unserem Labyrinthgarten als zweifaches Symbol für den Frieden auf dieser Erde. »Wem gehört dieses sonderbare Gärtchen mit dem Thymian und den Steinen?«, wurden wir oft gefragt. »Es gehört uns allen.« Diese Antwort veranlasste auszutauschen, was uns am aktuellen Weltgeschehen beschäftigt und betroffen macht.

Das Experiment Labyrinth als Boden für länderübergreifende Freundschaft, das Lernmodell Labyrinth als Boden für länderübergreifende offene Bildung.

X – Ein X für ein U vormachen – kein x-beliebiges Gespräch
Ich ging meine Hände wärmen zum Feuer neben dem Labyrinth, das über viele Jahre allabendlich hier entzündet wurde.
»Wenn ich Geld hätte«, sagte ein junger Mann, »würde ich in Thailand dem kranken Vater einer schönen jungen Frau die Spitalkosten bezahlen, die kleinen Schwestern mit Süßigkeiten verwöhnen, und siehe, die ganze Familie meiner angebeteten Frau würde mich lieben.« »Das kann man mir nicht vormachen, ich würde jedenfalls spüren, ob er mich oder mein Geld liebt«, sagte eine junge Frau. Ist Liebe käuflich? Eine besinnliche Stille war reihum in den Gesichtern abzulesen, einige schauten zu mir. Ich merkte, wie gut es ist, hellhörig zuzuhören, anwesend zu sein. *Das Allheilmittel Geld war verhandelbar, nicht aber die eigene Wertschätzung der jungen Frau.*

W – Wo ist der Wegweiser zum Labyrinth?
Wie kann ich das wissen? Gibt es überhaupt hier am Ort ein Labyrinth? Schade, dann wissen Sie auch nicht, wie es wäre, wenn ...
»Eines meiner liebsten Paradiese befindet sich an einem Ort, wo wir es am wenigsten erwarten würden: Im ehemaligen Zeughaushof von Zürich, zwischen Kanonengasse und Kasernenstraße, Zeughaus- und Militärstraße! Dort haben vor 20 Jahren ein paar Frauen einen Labyrinthgarten angelegt. Viele Menschen, die sich hier bewegen, sagen, sie fühlen sich hier sicher und geschützt.«

> *Geschützt wovor? Vielleicht geschützt vor der Bedeutungslosigkeit, denn wer sich im Labyrinth bewegt, wird Teil des Labyrinthbildes.*

Wir reflektierten die Militärwörter der vier Straßennamen rund um unseren Paradiesgarten, als sich aus der Wolkendecke am Himmel alsbald federartige Drachenfiguren formten, sie zerstreuten sich rasch in alle Himmelsrichtungen. Waren die Wolkendrachen nun zu Glücksdrachen wie in der östlichen Welt geworden oder waren sie gemäß der hiesigen Sagen noch immer die wütenden Unwesen, die »heldenhaft« zu töten sind? *Wir erinnerten uns an die noch ältern Sagenbilder der Alpentäler, auf denen die Frauen, Magriata oder Margaretha, den Drachen an der Leine führen, ihn in den Armen halten, das Ungeheuerliche des Lebens ohne Gewalt bändigen.* Reisen mit den Wolken und die kulturellen Umnutzungen der Militärgebäude allerorts überblicken und auf einmal bemerken, dass unsere ständige Reise durchs Universum ein wunderbares Lernmodell ist:

> ich bin die Erde
> ...
> die Euch hält
> wie Ihr auch seid
> sicher in ihrer
> gravitation (Heide Göttner-Abendroth)

V – Vertrauen – Vision – verwiesen sein

Es ist kein Zufall, dass heute in allen Bereichen die verantwortlich-forschenden, leidenschaftlich-suchenden und kreativ-tätigen Menschen das intensive Bedürfnis verspüren, vorwärtsdenkend weit nach rückwärts zu schauen. Das Potenzial von Werten und Schätzen aus den Anfängen der Kulturen bis hin zur heutigen analytischen Forschung und höchsten Technik ergibt neue Vergleiche und Unterscheidungen. Eine andere Sicht auf die zentrale Frage der Mensch-Werdung ist notwendig geworden, der Reichtum der Erkenntnisse will wahrgenommen werden, die Lebensbilder sind neu anzuschauen – *kritisch zu erneuern.*

Für die heutige Interpretation des jahrtausendalten Lebensbilds Labyrinth haben wir das Wort Vision gebraucht. Mit visionär meine ich nichts anderes, als staunend die ursprünglichen Lebensgesetze unseres Zusammenlebens wahrzunehmen als Versprechen an alle Menschen, von der frühesten Vorzeit bis in die Zukunft. Was in der Vergangenheit die kleine Sippe bereits zu schauen versuchte vom Hin und Her unseres Lebens, das können auch wir täglich mit eigenen Augen und Ahnungen vertrauensvoll prüfen und erkennen, und was dies für die gegenwärtige Lebensweise bedeutet.

Ich vertraue oder ich bin verwiesen, meint dasselbe,
das Vertrauen ist das, was Alles zusammenhält.

Was ist heute so anders, wenn uns bewusst wird, ich bin verwiesen? Wie lange kann ich leben ohne Luft? Ohne Wasser? Ohne festen Boden unter den Füßen? Ohne Nahrung? Ohne Licht? Ohne Schlaf? Ohne Schutz vor Kälte oder Hitze? Ohne Zärtlichkeit? Ohne Erinnerungen? Ohne Anerkennung? Ohne die Gefühle, dass ich willkommen bin? Ohne das Wissen, dass ich durch mein Sosein dazugehöre, durch meine Tätigkeiten zum Lebensganzen beitrage? Ohne dass ich die Rhythmen der Winde, der Großstadt bei Tag und bei Nacht, die Verkehrswege kenne und darin die Arbeit der ZeitungsausträgerInnen, der Kulturschaffenden, der Polizei, der Lehrenden und Lernenden zu schätzen weiß?

Sind für dieses umfassende Wertschätzen genügend Gefühle und die notwendigen Wissens-Erfahrungen bereits vorhanden im Blick auf die globale Welt, wie wir sie in der Tagesaktualität erleben? Die Intelligenz nickt, die Gefühle bleiben stumm.

Das jahrtausendalte Labyrinth sagt auch in unserer Gegenwart ein unverblümtes Ja – das Ja zum Wandel der Zeiten – es ist das Ja zu Raum und Zeit im Gleichgewicht der Kräfte. In diesem Ja zum Urvertrauen hat unser Wandeln auf dieser Erde und hat der Wandel der Kulturen ihren eigentlichen Lebensgrund und freiheitlichen Sinn.
Es gibt Menschen und Kulturen, die kennen dieses Vertrauen besser als andere, vermutlich aber trägt jede Person davon einen Teil in sich, wie immer sie/er sich auch verhält, wie kompliziert die Verhältnisse auch sein mögen ...

DAS LABYRINTH SAGT DAS NOTWENDIGE JA ZUM LEBEN
STELLVERTRETEND FÜR UNS ALLE.

U – Unterernährung – weltweites Umschichten
Die weißen Schühlein purzelten aus einer großen, weißen Brotkiste in einer langen, langen Schlange auf die Umgänge des Labyrinths. Die Künstlerin Thea Weltner hatte den Holocoust überlebt und wollte mit diesem subtilen Werk an die unterernährten, unbehausten, ungeheißenen Kinder dieser Welt erinnern. Im überschaubaren Labyrinth bekam dieses Mahnmal eine unübliche Umgebung und das unfassbare, ungeheuerliche Unrecht konnte in diesem Spannungsfeld von Natur und Kultur nicht übersehen werden.

Mehr als 900 Millionen Menschen leiden heute an Unterernährung und die Kinder stellen in vielen Entwicklungsländern nahezu die Hälfte, weltweit nahezu ein Drittel der Bevölkerung dar. Wer ist für die Ernährung, wer ist für den Nahrungserwerb, wer ist für die geistige und seelische Nahrung der Kinder verantwortlich?
Die Welternährung ist ein Beispiel, das uns alle angeht, alltäglich sind wir irgendwie mitbeteiligt an der Verteilung der Güter der Welt. Bei der Unterernährung denken wir

zugleich an die ungerechte Verteilung der Lebens-Ressourcen in allen Bereichen, den materiellen und den geistigen.
Überall auf der Erde wird nach Gesellschaftsordnungen mit guten Lebensgrundlagen geforscht, oft werden sie in kleinen Bevölkerungsgruppen entdeckt, welche die weiblichen Lebensbedingungen gleichwertig den männlichen erachten und somit einen entsprechenden Austausch pflegen zwischen den Geschlechtern. Dank dieser Tatsache konnten sich einige Kulturgruppen bis heute erhalten. Überall auf der Erde gibt es leider ebenso viele andere Gesellschaftsordnungen mit unsäglich leidvollen Folgen für Frauen, Kinder und alte Menschen. Beide Erkenntnisse sind von großer Bedeutung für die künftigen Leitlinien und Kriterien in allen Sphären, ein weltweites Umschichten ist lebensdringlich geworden.

> Ich stand mit der Labyrinthforscherin und Künstlerin Li Shalima im Zentrum unseres Labyrinths. Während unseres Gesprächs über die Bedeutung unseres Logos mit der Frau als Mitte, fragte sie mich spontan nach meiner Vorstellung über die Bedeutung des Begriffs Matriarchat. Dann sagte sie in einfacher und feiner Weise: »Für mich sind die Wegeanordnungen des Labyrinths ein Abbild der Frau, so als schauten wir von oben auf den Querschnitt ihres Leibes mit der Fähigkeit, neues Leben zu gebären. Wichtig ist vor allem der nährende Aspekt, denn dadurch steht die Frau als Symbol für das göttliche Maß, das genau zwischen Zuviel und Zuwenig liegt. Dieses Gesetz darf nicht übergangen werden, wenn wir uns ein gutes Leben für alle Menschen und alles Leben wünschen. MA TRI arché übersetze ich deshalb so: *Nahrung im gesunden Maß steht am Anfang aller unserer Entscheidungen.* Dieses Lebensprinzip ist nicht geschlechtsgebunden und somit nicht allein auf die Frau bezogen.«

Im Herzen unserer Labyrinthfrau kreuzen sich die horizontale und die vertikale Achse, in der Mitte der Labyrinthstruktur ist die Schnittstelle der menschlichen Lebensordnung dargestellt. Die Frau in der Matrix der Mutter erinnert an den Anfang unserer persönlichen Menschwerdung und weist zugleich hin auf die irrigen Folgen, wenn die eine der beiden Lebensachsen fehlt: Dann zerfällt die verlässliche Struktur des Labyrinth-Bildes, der Lebensweg hat keine Grenzen mehr, die Besinnung auf die Zusammenhänge von Grenzen und Energien ist nicht mehr gewährleistet, das Wohlergehen für alle ist nicht mehr mitgemeint, ist abhanden gekommen.

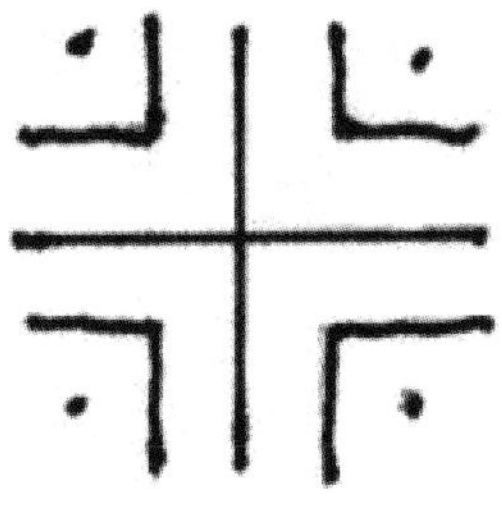

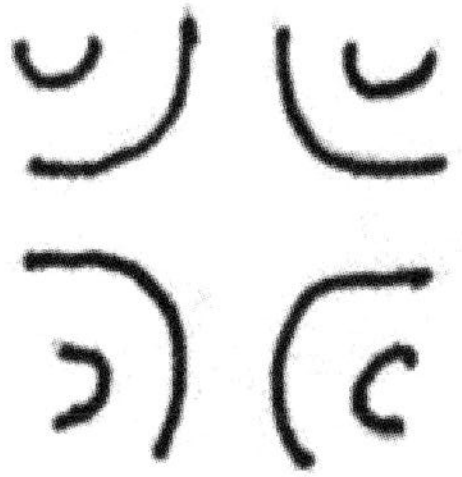

Jahr für Jahr haben wir uns den Fragen gestellt, in welcher Weise das Labyrinth mit der Frau als Orientierungs-Bild uns *alle* umsichtig an die gemeinsame Verantwortung im Verhalten von Mann und Frau erinnert, wenn nötig ermahnt oder anklagt und gleichzeitig zu erkennen gibt, was es heißt, mit liebendem Herzen immer an der Erhaltung des Lebens auf dieser Erde zu schaffen, das in seiner Komplexität noch immer nur bruchstückhaft verstanden wird.

Nicht immer war mir Würde
so wichtig wie jetzt
ich verdopple das Brot
das meine Mutter mir gab (Brigit Keller)

T – Der Tod – die MuTTer – das BroT / der Traum von der besseren Welt
»Das ist der Grund, warum uns die Aufstände in Tunesien und Ägypten so berühren: Weil sie zeigen, dass das Gespräch unter Menschen heute – erst auf Facebook, dann auf der Straße – die Möglichkeit zu etwas Neuem bietet. Kein Experte hat die Revolten kommen sehen. Das macht Hoffnung.« (Tages-Anzeiger vom 7.2.2011)

Der Hunger hat die Menschen aus den Häusern hervorgeholt, sagt die Politik.
Es sind die jugendlichen Arbeitslosen, die sich nicht länger einschüchtern lassen, sagen die Teilnehmenden.
Diese Proteste werden vermutlich als Brot-Revolutionen in die Geschichte eingehen, sagt die Berichterstattung.
Wenn die Mutter kein Brot verteilen konnte, sind ihre Buben bisher in den Krieg gezogen, sagt die Historie.
Ägyptens Armee verspricht, nicht auf die Bürger zu schießen, sagt die reale Hoffnung.
Wer weist den erschütterten Weg weiter, fragt das Vertrauen.
Der dringende Meinungsumschwung geht anderswo weiter, wenn allüberall und öffentlich darüber gesprochen wird, sagt das Labyrinth.

»Am kommenden Samstag werden europaweit rechtsextreme Gruppen zu einer Großdemo nach Dresden eingeladen. Wir Frauen werden am Labyrinth eine Mahnwache halten mit einem Feuer als Zeichen des Friedens und in Verbundenheit mit 43 anderen Mahnwachen in unserer Stadt.« (Mail aus Dresden, 16.2.2011)

S – Die sensible Sache des Herzens – kulturelle Sprünge
Immer mehr einzelne Personen fühlten sich mit uns Frauen in Zürich verbunden, wie beispielsweise der sozial denkende Frühaufsteher, der fast täglich vor seiner Arbeit beim Labyrinth nachschaute, ob alles in guter Ordnung war für den neuen Tag, oder die uralte Schneiderin Maria, die mit Handschuhen und Hut unsere Feste besuchte und sich über unsere Aufmerksamkeit ihr gegenüber sehr freute, oder etwa die schweigsame Spinnerin, die bei jeder Veranstaltung den roten Wollfaden weiterspann, um ihn als Sinnbild des Lebensfadens am Sommerende im großen Knäuel uns übergeben zu können, oder Vater und Mutter von Philipp, die uns einen blühenden Blumenstock brachten im Gedenken an ihren Sohn, der in diesem Quartier an Drogen gestorben ist. Diese Pflanze mit den vielen Blüten verschönert seither unser Tor zum Labyrinth und wird immer wieder bewundert.

Die über hundert Gärtnerinnen und Gärtner der vielen kleinen Beete kannten wir alle beim Namen, nach und nach erkannten sie sich gegenseitig auch auf der Straße.

Manche Veranstaltung wurde unversehens zum »Event« einer nachwirkenden Kunsterfahrung, die allerwenigsten sind festgehalten wie die folgende:

> Das Großmünster mit den beiden Türmen ist eines der Wahrzeichen von Zürich. Vor dem Haupteingang auf dem Zwingliplatz, in unmittelbarer Nähe zum 1991 provisorisch aufgemalten Labyrinth, fand unsere letzte öffentliche Labyrinth-Veranstaltung im ersten Jahre statt. Zusammen mit professionellen KünstlerInnen von Choreografie, Musikimprovisation, Bildgestaltung und Beleuchtung hatten wir den Abend ideenmäßig vorbereitet. Wir brachten rot-weiß-schwarz gestaltete, riesige Maskenschilder mit. Im Scheinwerferlicht kamen live vor Ort die stimmigen Klänge und Rhythmen dazu samt den spontanen Tanzschritten der Schildträgerinnen. Wie immer waren auch die PassantInnen eingeladen zum freien Mitwirken beim Tanz. Lustvoll gingen alle hinter den Schildmasken her und imitierten die Schritte der jeweiligen Schildträgerin. Mitwandeln im Wechsel von Musik und Licht, das machte Spaß, das touristische Zürich lachte, nicht aber ein verärgerter Bewohner. Hoch oben vom Fenster ließ er aus seinen Lautsprechern das »Laudate Dominum« von Mozart über den Platz und über unsere improvisierte Musik erschallen. Die Polizei und der Großmünster Pfarrer wurden herbeigeholt, ein authentisches Straßentheater war entstanden voller echter Spannung für alle Anwesenden auf dem Großmünsterplatz, ein spontaner Sprung in eine offene Welt.

Mit dem Blick auf Bern hatten wir eine freie Art von Welttheater geschaffen. Dort fand am selben Abend auf dem Münsterplatz ein Renaissance-Theater statt. Die TänzerInnen hatten ihre Schritte sorgsam einstudiert mit den vermerkten Ordnungspunkten am Boden, unter genauesten Anweisungen für jeden Takt der Musik und der Worte.

R – Das Labyrinth als Referenz für heute und morgen.
In einer Tischrunde bei einer Hochzeit wollte ein Regierungsrat von mir in wenigen Sätzen etwas zur politischen Relevanz des Labyrinths erfahren. Weil wir uns kurz zuvor über das Reisen in Indien unterhielten, war meine Antwort:

> »Be the change you want to see in the world.«
> (Mahatma Gandhi)

Heute würde ich sagen:
Politisches Lernen auf dem Labyrinth,
mich ab und zu fremd fühlen, wie jede andere fremde Person in dieser Stadt,
mich wiegen, wie im Bauch der Mutter,
vorangehen, wie bei den eigenen Kindern,
reflektieren, wieso dies gleichzeitig möglich ist an diesem Ort.

Im Generationengespräch zur gesellschaftlichen Veränderung ohne Gewalt hat im vergangenen Jahr jede junge Frau unserer Gruppe als Metapher für ihren bildlichen Ausdruck ein Element gewählt. Die einzelnen Geschichten waren belebend und eindrücklich zugleich, weil jedes Element in seiner vergleichenden Kraft die Prozesse des Alltags spiegelte.

Jetzt muss ich mein Alphabet wohl sein lassen, denn in meiner Fantasie werde ich unterbrochen von einer Gruppe junger Leute: »Wir machen hier im Zeughaushof ein Fest und dazu brauchen wir einen guten Slogan zum Labyrinth. Er soll aus deinen verbliebenen Buchstaben entstehen samt dem begonnenen R für das Wort Frieden.« Ich antworte: »Die Idee des Friedensfestes finde ich toll, aber mit meinem restlichen Alphabet könnt ihr ja nicht einmal mehr das Wort Labyrinth schreiben.« »No problem:

EIN LABI, O.K.:
MEHR LABI, MEHR LIEBEN,
MEHR LIEBEN, MEHR FRIEDEN«

Etwas irritiert stehe ich da und freue mich trotzdem riesig über den Generationenwechsel mit einem anderen Schärfebereich von Ideen, als Dank bekomme ich zu hören:

»ERDE, HIMMEL, FIRE & LUFT,
was willst du MEER?«

Das uralte Labyrinth ist 20 Jahre jung

Querbeet durchs Labyrinth zu gehen,
heißt den Weg noch nicht verstehen,
denn Quantensprünge sind unsichtbar und lange still,
bis uns das Unbekannte, Neue treffen will.

Als eigenwilligste Gabe unseres Festjahres erinnere ich an den Gang durchs Labyrinth, Schritt für Schritt den Rundungen folgen, ist kein spektakulärer Anlass, braucht aber Zeit und eine gewisse Bereitschaft, sich einzulassen. Es ist ein Sinnesangebot der besonderen Art: Mitten im Berufsalltag, mitten in der Stadt einen stillen Rundgang machen zu können, meditative Momente zu suchen oder überraschend zu finden an einem Ort, wo das Gewöhnliche außergewöhnlich, das Außergewöhnliche gewöhnlich sein kann, das ist ein Vermächtnis des Labyrinths.

Diesen Gedanken bin ich lange nachgegangen beim Auswählen von Labyrinthbildern aus der Schweiz und dem Ausland für das Fest der Pfarrfrauen. Vor 20 Jahren war meine Haltung ihnen gegenüber keine schwesterliche. Meine Abwehr gegen alles Institutionelle hatte seine Begründung in der Angst, das Labyrinth als Ursymbol des weiblichen Prinzips, kaum aus dem »Dornröschenschlaf« wiedererwacht, würde seine kulturellen, emotionalen, politischen und kosmischen Wendungen und Flügel nicht genügend frei entfalten können. Hier im schwierigen Kreis 4 unserer Stadt hat mich das Labyrinth eines Besseren belehrt: Das Labyrinth lässt sich nicht so einfach vereinnahmen, die absoluten Werte werden im praktischen Umgang immer wieder relativiert, das Labyrinth spricht in den verschiedensten Sprachen. Ich höre es so:

Die Nächsten brauchen mich und ich brauche die Nächsten,
die Nächsten brauchen uns und wir brauchen die Nächsten.

Wer sind unsere Nächsten? Bei dieser Frage habe ich im Labyrinth einige meiner Vorurteile aufdecken können, so war ich beispielsweise damals für fremde Kulturen und Resonanzen weit offen, und bin es noch heute, gegenüber meinen eigenen Herkunftswerten bestand jedoch ein großes Misstrauen, zu Recht oder Unrecht und wie auch immer:

Kinder fragen ohne Scheu: Wer bist du?
Uns Erwachsene interessiert: Wie siehst du mich?
Im Labyrinth fragen wir: Wie bin ich so geworden, wie du mich siehst?
Wie sind wir so geworden, wie die andern uns sehen?

So wie ich mich am Anfang des Buches mit Agnes innerlich verbunden habe, so wende ich mich jetzt an dich, Ursula. Seit dem Beginn 1991 hast du als mittragende Frau das Labyrinth-Projekt unterstützt und bist nun seit zehn Jahren die namentliche Ansprechpartnerin dieses Ortes, erreichbar für alle labyrinthischen Anliegen bei »Tag und bei Nacht«: Wie viele Mails habe ich von dir empfangen, die nächtlich geschrieben wurden? Wie viel Mal musstest du zu Unzeiten auf dem Platz anwesend sein, weil keine andere Frau dich entlasten konnte? Wie oft bist du schwierigen Problemen nicht aus dem Weg gegangen, unerschrocken und unternehmungslustig. Hast du sie gelöst oder gewusst, wo du Hilfe beanspruchen und bekommen kannst als umsichtige Lebenswirtschafterin?

Im Zeughaushof hat ein großer Wandel stattgefunden. 1991 waren wir Labyrinthfrauen die einzige Gruppe, die für den Hof und die Labyrinthwiese zuständig war, anfangs sogar fürs Säubern und Putzen. Die Schwerenöter und Gestrandeten des Quartiers teilten mit uns die Wiese und den Zugang zu Wasser. Seit 1991 hat ein qualitativer Sprung den Zeughaushof verwandelt, viele unterschiedliche Werk- und Kulturgruppen beleben und schaffen an einer neuen Lebensstrategie für eine bessere Durchmischung der Bevölkerung.

Auch bei unserem Labyrinth sind eigene Gruppen mit entsprechenden Verantwortlichkeiten entstanden. So sehe ich die tüchtigen Frauen gärtnern mit dir, Regula. Ihr betreut in gemeinsamer Absprache unseren wilden Garten, ohne je fertig sein zu können, denn die Gespräche, Tröstungen und Fragen der BesucherInnen werden ebenso »gepflegt.« Ob es tagelang regnet oder wochenlang kein Tropfen vom Himmel fällt, ob persönliche oder gesellschaftspolitische Stürme über das Labyrinth wehen, immer wieder gilt Regulas Leitsatz *»im Vertrauen bleiben«* und wird oftmals zur Haltung von allen Anwesenden. Ich sehe die Sängerinnen und Musikerinnen mit ihren Liedern aus aller Welt, die Handwerkerinnen mit ihrem vielseitigen Können, die Lesegruppe für eigene Texte, die Tanzfrauen auf der Suche nach labyrinthischer Choreografie und die eingeladenen Gäste – sie alle dienen in je verschiedener Art der kommunikativen Schönheit des Labyrinth-Ortes.
Wie auch immer, das Miteinander der Tätigen im Labyrinth und im Zeughaushof ist nicht vom Himmel gefallen, die Absprachen und wirksamen Organisationen bedurften und bedürfen weiterhin einer kontinuierlichen Gesprächskultur des gegenseitigen Respektes und des Wohlwollens. Wenn in diesem Jubiläumsjahr unsere Veranstaltungen rund ums Labyrinth stattfinden, ist darin die Freude mitgemeint für das entstandene gute Einvernehmen aller beteiligten Gruppen, der eigenen und der benachbarten ... und gleichzeitig die internationale Verbundenheit weit darüber hinaus.

Der Labyrinthgarten mit dem jahrtausendealten Steinlabyrinth im Innern ist in den 20 Jahren der Auseinandersetzungen um den Zeughaushof sichtbar gegenwärtig, bodenständig vorhanden mit dem unsichtbaren Geheimnis seiner Friedensabsicht für das gute Zusammenleben aller Wesen auf diesem Planeten,

jung und offen, alle Tage neu und beweglich,
voller Überraschungen für sich und andere.

A – Von Augenblick zu Augenblick – aufmachen, mich aufmachen – aufbrechen und anfangen.

gwundrig hinein- und herausfinden

Ursula Knecht

Du bist wieder im Torbogen angekommen. Schaust zurück. Wie ist es dir ergangen? Vielleicht bist du VorgängerInnen und NachfolgerInnen begegnet. Vielleicht ist dir niemand begegnet, sondern du dir selbst. Vielleicht hat dich jemand angesprochen, vielleicht ist dir eine Begegnung widerfahren ähnlich jener, von der eine Labyrinthfrau berichtet:

Kurz vor der dritten Wegbiegung erwischte er mich. Ich kam ihm auf dem Parallelweg entgegen. Im Beet zwischen uns grünte kräftig ein Wermutstrauch. Fast fiel er über die Pflanze, als er sich zu mir herüberbeugte und heftig auf mich einzureden begann, dabei die Hände in die Luft werfend. »Überall Reglementierungen, Verbotstafeln, Absperrungen, Einschränkungen, Grenzen!«, schimpfte er.
Das kleine, liebevoll gemalte Schild beim Eingang zum Labyrinth »bitte auf dem Weg bleiben« war ihm offenbar ins Auge gesprungen, hatte ihn in Rage gebracht.

»Warum nicht der Natur ihren Lauf lassen, wenigstens hier?«, fragte er vorwurfsvoll. Diese ganze Stadt strotze vor Verbotsschildern, Zwängen, Einengungen. Nirgends sei Platz für freie Entfaltung, Kreativität, Fantasie.

Ich hörte ihm aufmerksam zu, betrachtete ihn stumm.

Schließlich legte sich seine Erregung und er erzählte. Sein Vater, Besitzer eines Hauses und eines großen Grundstücks, habe ihm, dem Sohn, einen Teil des Geländes abgetreten. Dort lasse er jetzt alles wachsen, was wachsen wolle, greife nicht ein in die Natur, verändere nichts, schneide nicht, jäte nicht, dünge nicht. Es sei erstaunlich, welche Vielfalt an Pflanzen sich zu entwickeln beginne.

Wie er dieser Vielfalt denn gewahr werde, fragte ich. Er müsse doch einen Pfad durchs Gelände legen, um die Pflanzen betrachten zu können. Sonst drohe Gefahr, dass er manches, was zu keimen anfange, zertrample. Vielleicht, fügte ich hinzu, habe er die Verschiedenartigkeit der Pflanzen auch hier im Labyrinth bemerkt. Wenn kein Weg zwischen den Beeten hindurchführte, könne sich niemand daran erfreuen. Oder aber in Kürze wäre hier alles niedergestampft. Ein Weg und dass alle sich daran hielten, könne auch Sinn machen und müsse nicht Willkür und Zwang bedeuten.

Dann begann er aus seinem Leben zu erzählen. Er sei Künstler, lebe von der Musik. Das sei hart, heutzutage auf dem Markt zu bestehen. Aber er habe es geschafft. Sich sogar ein Studio eingerichtet, um Aufnahmen zu machen. Von den Freunden, mit denen er vor fünfzehn Jahren angefangen habe, Musik zu machen, seien nur noch die Hälfte am Leben: Drogen, Aids, einige seien freiwillig aus dem Leben geschieden. Selbstverständlich habe auch er mit Drogen experimentiert, wie alle damals in der ›Szene‹. Aber er habe sich immer an Regeln gehalten, habe sich Grenzen gesetzt und diese respektiert.

»Ja«, sagte ich leise, »Grenzen« – knickte ein Zweiglein vom Wermutstrauch und zerrieb die Blätter zwischen meinen Fingern. Ein herber, bitterer Duft schwebte in der Luft zwischen uns.

Wir verabschiedeten uns. Er ging den Weg weiter ins Labyrinth hinein. Ich befand mich auf dem Rückweg. Ich bin ihm später nicht wieder begegnet. Aber wann immer ich am Wermut vorbeikomme, denke ich an dieses Gespräch.

Vielleicht magst du den Labyrinthweg nochmals gehen oder wirst ein andermal wiederkommen und es wird anders sein, jedes Mal neu und doch vertraut.
Vielleicht möchtest du selbst ein Labyrinth bauen, ein kleines oder ein großes, eins für dich allein oder eins, das du mit Freundinnen und Freunden, mit Bekannten und Unbekannten teilst.
Und: Vergiss nicht in den Spiegel zu schauen! Du bist schöner geworden beim Gehen durchs Labyrinth.

Literaturverzeichnis

Arendt, Hannah (1981): Vita activa oder Vom tätigen Leben, München

Arendt, Hannah (1994): Zwischen Vergangenheit und Zukunft, München

Augé, Marc (1994): Orte und Nicht-Orte. Vorüberlegungen zu einer Ethnologie der Einsamkeit, Frankfurt am Main

Bachmann, Ingeborg (1954): Erklär mir, Liebe. Erstveröffentlichung in: DIE ZEIT, Juli 1956, Jg. 11

Frank, Maren u. a. (2005): Sinn – Grundlage von Politik, Rüsselsheim

Berger, John (2005): Hier, wo wir uns begegnen, München

Farhat-Naser, Sumaya (1995): Thymian und Stein. Eine palästinensische Lebensgeschichte, Basel

Göttner-Abendroth, Heide (1982): landschaften aus der gegenwelt. Gedichte 1976-1982, Winzer

Günter, Andrea (1998): Politische Theorie und sexuelle Differenz. Feministische Praxis und die symbolische Ordnung der Mutter, Königstein/Taunus

Günter, Andrea (2001): »Die Welt zur Welt bringen. Das Symbolische, Politik und Gebürtigkeit bei Hannah Arendt, den Diotima-Philosophinnen und den Frauen des Mailänder Frauenbuchladens«, in: Die Neubestimmung des Politischen. Denkbewegungen im Dialog mit Hannah Arendt, hg. von Heike Kahlert und Claudia Lenz, Königstein/Taunus

Günter, Andrea (2003): Weltliebe. Gebürtigkeit, Geschlechterdifferenz und Metaphysik, Königstein/Taunus

Jacomet, Cornelia / Kissling, Markus / Knecht-Kaiser, Ursula / Murbach, Fredi (2008): Zukunftsfähige Soziokultur. Initiative ergreifen – Gesellschaft gestalten – Kultur schaffen – Kooperationen eingehen, Zürich

Jankowski, Elisabeth (2008): »Fremdheit als neuer Erfahrungsraum«, in: bzw-weiterdenken.de vom 12.11.2008 (www.bzw-weiterdenken.de/2008/11/fremdheit-als-neuer-erfahrungs raum/)

Keller, Brigit (1998): Vogelflug im Augenwinkel. Gedichte, Zürich

Kern, Hermann (1982): Labyrinthe. Erscheinungsformen und Deutungen. 5000 Jahre Gegenwart eines Urbildes, München

Knecht, Ursula (2002): »Labyrinth-Frauen-Platz Zürich«, in: L'universale in un contesto. Zeitschrift VIA DOGANA, Nr. 62, September 2002

Knecht, Ursula (2003): »Ein öffentlicher Frauenraum. Der Labyrinthplatz in Zürich«, in: Welt gestalten im ausgehenden Patriarchat, hg. von Michaela Moser und Ina Praetorius, Königstein/Taunus

Knecht, Ursula (2010): »über Scheisse und Geld«, http://www.youtube.com/watch?v=Bw8SDQPwbLI

Knecht-Kaiser, Ursula (2006): »Ein öffentlicher Frauenort – Der Labyrinthplatz Zürich«, in: Notizbuch 70 der Kasseler Schule, hg. von Arbeitsgemeinschaft Freiraum und Vegetation, Kassel

Knecht-Kaiser, Ursula (2010): »Gedanken an Heiligabend«, in: bzw-weiterdenken.de vom 22.12.2010 (www.bzw-weiterdenken.de/2010/12/gedanken-an-heiligabend-im-labyrinth/)

Krondorfer, Birge (2008): Plädoyer für das Ehrenamt, Vortrag, gehalten in der Shedhalle Zürich (unveröffentlichtes Typoskript)

Krondorfer, Birge (2008): »Un' arringa a favore del volontariato«, in: Il pensiero dell'esperienza, hg. von Annarosa Buttarelli, Federica Giardini, Milano

Krondorfer, Birge (2009): »Plädoyer fürs unbezahlbare Tätigsein. Politische Arbeit in der Frauenbewegung«, in: kulturrisse. Zeitschrift für radikaldemokratische Kulturpolitik, Heft 3, Wien, S. 20-23

Libreria delle donne di Milano (1989): Wie weibliche Freiheit entsteht. Eine neue politische Praxis, Berlin

Mallasz, Gitta (1990): Sprung ins Unbekannte, Zürich

Markert, Dorothee (2006): Fülle und Freiheit in der »Welt der Gabe«, Rüsselsheim

Markert, Dorothee (2010): »Die Freude am Schenken bewahren: Das Ehrenamt als bedrohte Kostbarkeit«, in: bzw-weiterdenken.de vom 12.11.2010 (http://www.bzw-weiterdenken.de/2010/11/die-freude-am-schenken-bewahren-das-ehrenamt-als-bedrohte-kostbarkeit/)

Müller, Hadwig (2000): »Nichts ist mehr das, was es ist. Begegnung mit einer subversiven Mystik im Leben armer Frauen in Brasilien«, in: Frauen, Mystik, Politik in Europa, hg. von Andrea Günter und Verena Wodtke-Werner, Königstein/Taunus

Muraro, Luisa (2001): Die Menge im Herzen, Rüsselsheim

Muraro, Luisa (2006): Die symbolische Ordnung der Mutter, Rüsselsheim

Praetorius, Ina (1995): Skizzen zur Feministischen Ethik, Mainz

Praetorius, Ina (2002): Die Welt: ein Haushalt. Texte zur theologisch-politischen Neuorientierung, Mainz

Schrupp, Antje (2007): Methusalems Mütter. Chancen des demografischen Wandels, Königstein/Taunus

Seifried, Ilse M. (Hg.) (2002): Das Labyrinth oder Die Kunst zu wandeln, Innsbruck

Sennett, Richard (1994): Civitas. Die Großstadt und die Kultur des Unterschieds, Frankfurt am Main

Shalima, Li (2011): »die SYMBOLISCHE MUTTER in ORDNUNG bringen«. Ein Labyrinth-Filmvortrag (DVD)

Sloterdijk, Peter (1987): Kopernikanische Mobilmachung und ptolemäische Abrüstung. Ästhetischer Versuch, Frankfurt am Main

Sobrino, Jan (1996) in: ORIENTIERUNG, Nr. 19 (15.10.1996)

Wisselinck, Erika (1984): Frauen denken anders. Zur feministischen Diskussion. Als Einführung und zum Weiterdenken, Straßlach

Zamboni, Chiara (1999): »Der Materialismus der Seele«, in: Die Welt zur Welt bringen. Politik, Geschlechterdifferenz und die Arbeit am Symbolischen / DIOTIMA und andere, hg. und übers. von Andrea Günter, Dorothee Markert und Antje Schrupp, Königstein/Taunus

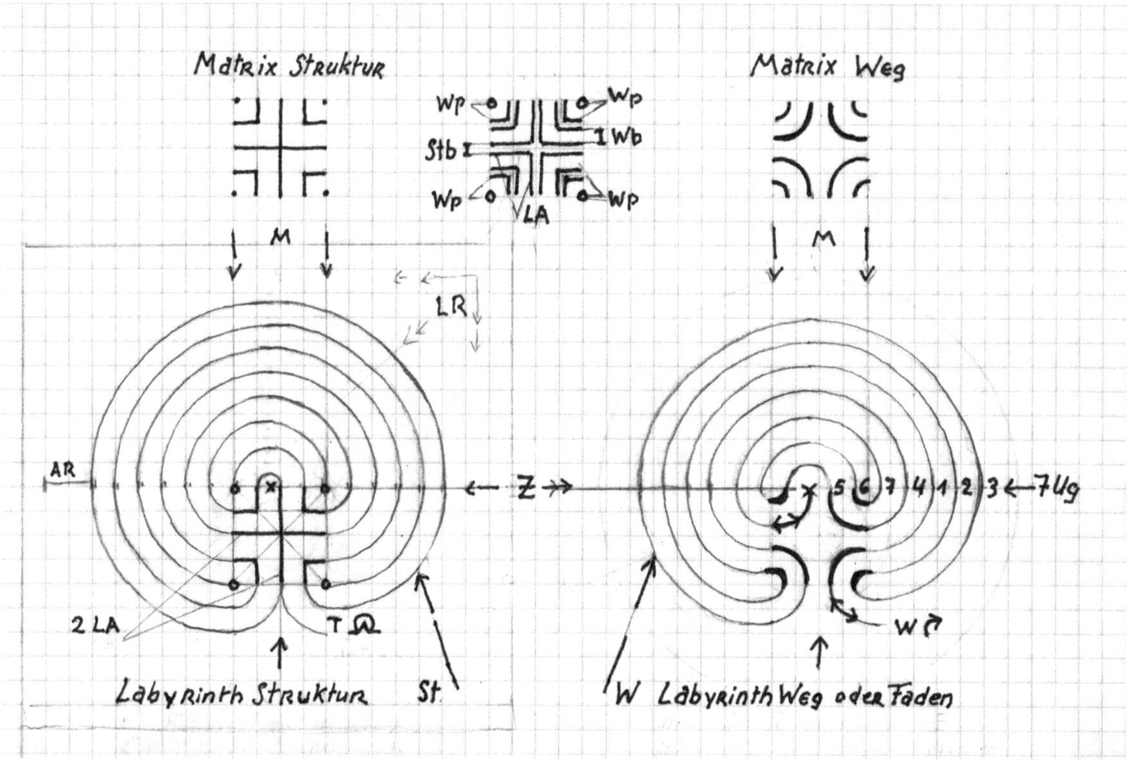
Matrix Struktur
Wp
Wp
Stb
1 Wb
Wp
Wp
LA
Matrix Weg
M
M
LR
AR
Z
5 6 7 4 1 2 3
7 Ug
2 LA
T
W
Labyrinth Struktur
St
W Labyrinth Weg oder Faden

Labyrinthe zeichnen und bauen

Agnes Barmettler

Verwendete Labyrinth-Begriffe und Abkürzungen

M	Labyrinth Matrix, Muster, Wegführung, Keim, Kern, MysteriumMitte, Herz
Z	Labyrinth Zentrum, Mittelpunkt, Kehrtwende oder Umkehr
T	Labyrinth Öffnung, Tor, Ein/Ausgang, Mund oder Anfang
LA	Labyrinth Achsen, Achsenkreuz oder Orientierung
Wp	Labyrinth Wendepunkte, Kurven, Kehren, Wenden
St	Labyrinth Struktur, Wegbegrenzung, Wände, Mauern oder Leitlinie
Stb	Labyrinth Strukturbreite
W	Labyrinth Weg oder (Ariadne)Faden
Wb	Labyrinth Wegbreite
Ug	Labyrinth Umgänge, Anzahl der parallelen Wegstrecken um das Zentrum
Ar	Labyrinth Außenraum, Atemraum für das Labyrinth
Lr	Labyrinth Raum = Labyrinth Bild + auf allen Seiten Platz für Atemraum
↰↱	Labyrinth links- oder rechtsdrehend, benannt nach der Richtung des 1Ug

Labyrinthe zeichnen und bauen

Ehe du ein begehbares Labyrinth baust, probiere, es vorher von Hand zu zeichnen, wie du es später auf dem Boden auch zuerst ausmessen und markieren musst. Der eigene Körper ist als Maßstab geeignet und immer zur Verfügung.

Dein leeres Papierformat wäre das Grundstück für den Labyrinth Raum. Bestimme den Mittelpunkt Z, indem du die gegenüberliegenden Ecken diagonal je mit einem leichten Bleistift Strich verbindest. Vom Mittelpunkt x ziehe ebenso eine horizontale und eine vertikale Linie und lasse auf der schmalen Seite deines Papiers am Rand etwas freien Platz für den Labyrinth Außenraum Ar und markiere l Ar l ihn. Als Maß für die Wegbreite Wb nimm eine Fingerbreite <> und markiere den Raum des Zentrums l<x>l auf beiden Seiten des Fingers mit einem Strich. Von dort misst du mit dem Finger, wie viele <> Umgänge bis l Ar l auf deinem Format möglich sind.

Ø für ein Labyrinth mit 3 Umgängen   l Ar l   l   l   l x l   l   l   l Ar l

Folge der Anleitung 1 – 8 auf der Zeichnung

1. Mittelpunkt x und Labyrinth Rand markieren.
2. Vom l x l aus horizontal und vertikal die Wegbreiten Wb messen und markieren.
3. Richtung des Tors T bestimmen und dort die Labyrinth Achsen LA + zeichnen.
4. Wendepunkte Wp eintragen je 1<> Abstand von den Enden + der LA.
5. Vertikale LA in einem Bogen um x mit dem Wp verbinden.
6. Horizontale LA links in parallelem Bogen mit dem nächsten Wp verbinden.
7. Horizontale LA rechts in parallelem Bogen mit dem nächsten Wp verbinden.
8. Vertikale LA in parallelem Bogen mit dem nächsten Wp verbinden.

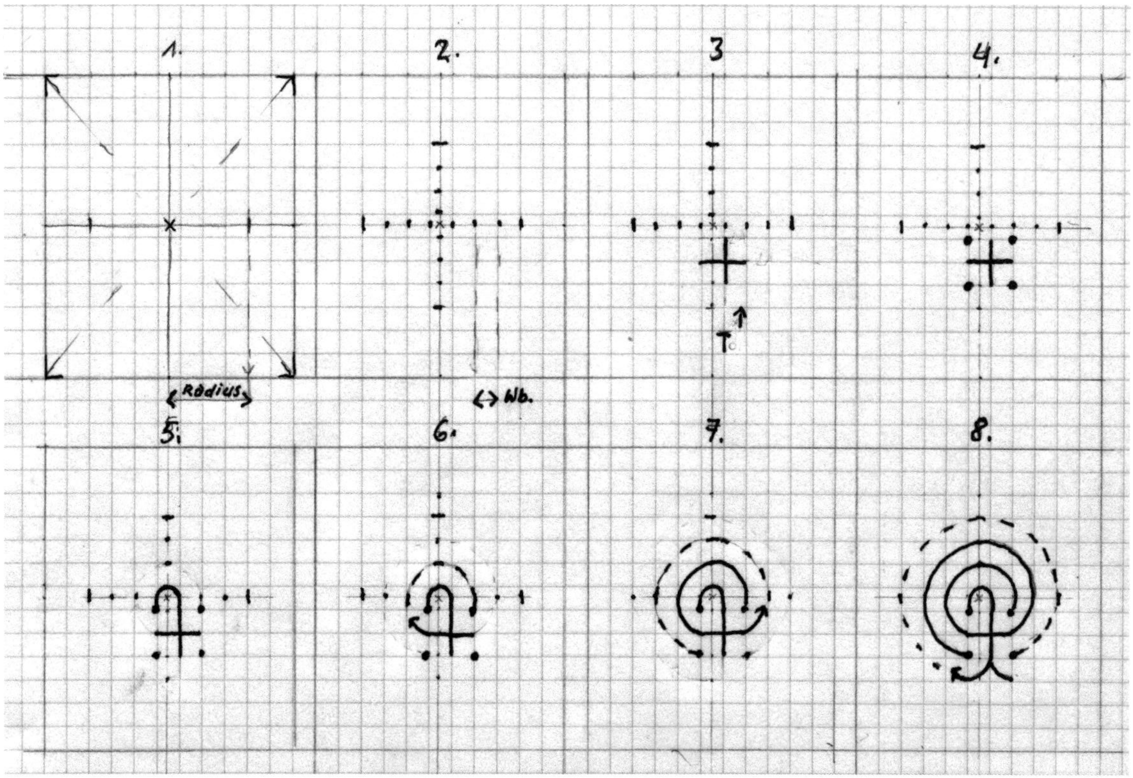

3 Umgänge Varianten für Struktur und Weg:

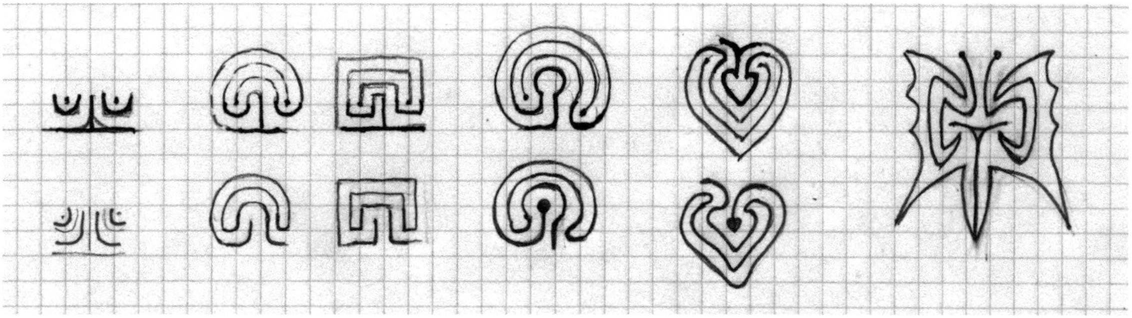

Ø für 5 Umgänge   l Ar l   l   l   l   l   l x l   l   l   l   l   l Ar l

Zeichne die folgenden Labyrinthe mit 5 Umgängen.

Ø Labyrinth mit 7 Umgängen l Ar l l l l l l l l x l l l l l l l l Ar l

Zeichne die Struktur und den Ariadnefaden eines Labyrinths mit 7 Umgängen
mit Hilfe der Matrix für die Labyrinth Struktur und der Matrix für den Labyrinth Weg.

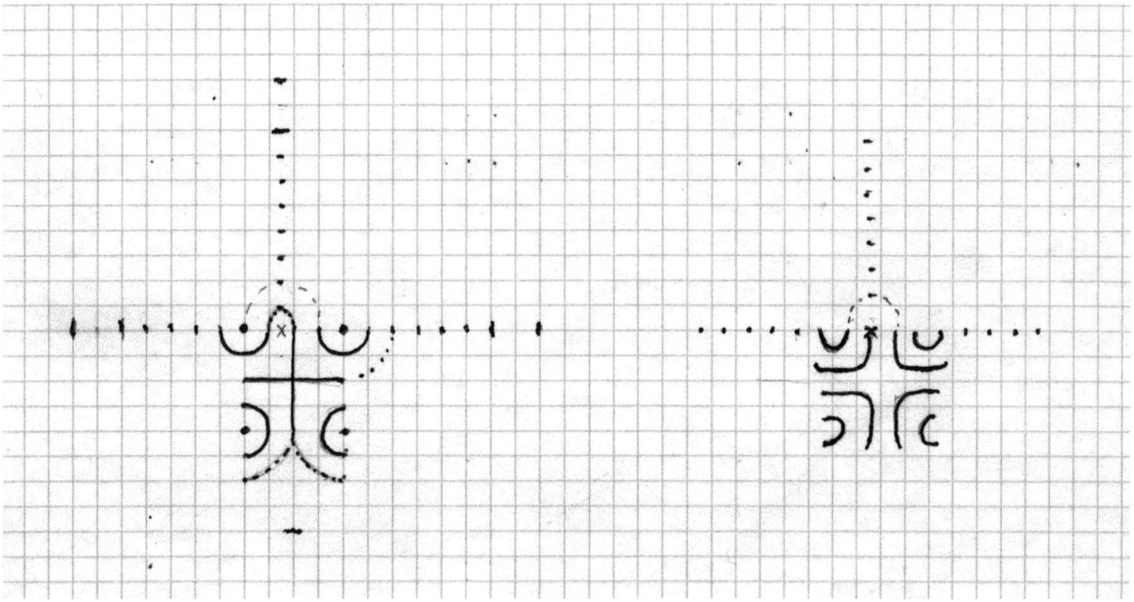

Diese Zeichnungen helfen dir, irgendwo ein Labyrinth zu bauen oder zu gehen.
Du kannst das Ganze im größeren Maßstab übertragen auf die Erde oder auf irgendeinen Raum.

Fragen für die Planung und den Bau eines Labyrinths

Bei der Planung eines Labyrinths auf bestehende Vorgaben von Gelände oder Gebäude achten und die Schwerpunkte für Nutzung und Betreuung einbeziehen.
Zum Bau eines Labyrinths gehört immer auch die einladende Schönheit seiner Gestaltung.

Fragen für die Wahl des Ortes, der Form und der Bauart:
Welchen Bedürfnissen soll das Labyrinth dienen?
Welche Aktivitäten sind vorgesehen?
Welche Größe ist dafür erforderlich? Maximal? Minimal?
Soll es bleibend gebaut werden oder für begrenzte Zeit?
Müssen Bewilligungen eingeholt werden? Welche? Bei wem?
Wer betreut das Labyrinth? Verein? Firma? Gemeinde?
Finanzierung? Für den Bau? Für den Unterhalt?

Fragen für die Wahl des Labyrinth Standortes öffentlich oder privat:
- als öffentlicher Platz oder Park, allen zugänglich, vielfältige Nutzung?
- als Garten, Baumschule, Rasen, andere Pflanzenlabyrinthe?
- im Innenhof, auf dem Gelände von: Gefängnis, Klinik, Kloster, Firma, Wohnsiedlungen ...?
- als Teil einer Bildungsstätte, Schule, Universität, Seminarhaus ...?
- als meditativer Raum an Heil- und Kraftorten, in oder bei Kirchen ...?
- als Teil einer Gedenkstätte, Friedhof, an Orten von historischer Bedeutung ...?
- als Kunstwerk für eine Ausstellung begehbar, bleibend, temporär?

Bei der Wahl des Standortes das Landschaftsbild, architektonische Gegebenheiten, die Vorgeschichte des Ortes und die Nachbarschaft mit berücksichtigen.
Die geplante Bauart des Labyrinths, sein Design, sollte sich harmonisch in bestehendes Gelände einfügen. Bestehende Bäume, Brunnen, Häuser, Straßen, Wege, Flüsse, Wasserlei-

tungen und Abwasserschächte ... bei der Gestaltung einbeziehen, ebenso in Gebäuden die alltägliche Raumnutzung der Bewohner und Bewohnerinnen sowie die bestehende Architektur, Türen, Säulen, Treppen, Inneneinrichtung ...

Labyrinth Bau und Design:
Welche geometrische Form soll das Labyrinth haben? Rund, oval, vier- oder mehreckig ...? Für die Wahl der Labyrinth Gestaltung und des Baumaterials nicht nur die Baukosten, sondern immer auch die spätere Nutzung und den Aufwand für die Betreuung des Platzes beachten.
Orientierung des Labyrinths? Beachten der Himmelsrichtungen, (ev. Kraftfelder pendeln). Wie verlaufen die Labyrinth Achsen? Die Wendepunkte? Wo ist der Labyrinth Ein/Ausgang? Welches Maß und Baumaterial ist geeignet für den Labyrinth Weg? Welches Maß und Baumaterial für die wegbegrenzenden Strukturwände? Art des Bodens beachten. Feucht? Schwer? Sandig? Bei Wiesen und Pflanzenlabyrinthen nach eventuellen Altlasten in der Erde fragen. Wie ist die klimatische Lage? Nass? Trocken? Sonnig? Schattig? Gibt es Platz für Brunnen, Sitzbänke, Bäume, Kompost, Geräteraum? Wegbegrenzende Strukturwände als Steinsetzung? Oder, je nach geplanter Bepflanzung, gewählte Beetbreite samt Beetbegrenzung? Wegbreite? Für Kiesweg? Steinplatten? Oder Breite des Rasenmähers?

Fragen zum Platzbedarf:
Geplante Maße für Ø des Zentrums = Z? Für Wegbreite =Wb? Für das Baumaterial der Wegbegrenzung oder Strukturbreite = Stb? Anzahl der Umgänge? Wie groß muss der minimale Ø des Platzes sein für das geplante Labyrinth mit Außenraum?
Für ein begehbares Labyrinth im öffentlichen Raum muss der Weg nur so breit sein, dass zwei Menschen genügend Platz zum Vorbeigehen haben, wenn sie einander aus unterschiedlichen Richtungen entgegenkommen. Für Rollstuhl gängige Labyrinthe sollte der Weg genügend breit sein, dass auch bei den Wendepunkten und im Zentrum ausreichend Platz zum Wenden gegeben ist.

Jedes Labyrinth sollte genügend Raum zum Atmen bekommen, etwas freien Platz darum herum für die Menschen zum Verweilen.
Für die Wahl von der Anzahl der Umgänge, ihrer Weg- und Wandbreite und für die Größe der Kehrtwende im Zentrum sind die gegebenen Raumbedingungen und die geplante Labyrinth Nutzung maßgebend.
Das Baumaterial für die Wegbegrenzung ist das Maß für die Strukturbreite = Stb (z.B. ein gemalter Pinselstrich, ein Pflasterstein, Beet ...). Beim Material auf Verletzungsgefahr achten für Kinder, die gern rennen im Labyrinth.

Ein Labyrinth bauen, mit dem Maß der Füße

2 Fußlängen	= Fl für Wegbreite	= Wb	ca. 60 cm
1 Fußbreite	= Fb für Struktur	= Stb	ca. 10 cm
Zusammen	= 1 Schritt l—l	= S	ca. 70 cm

Um zu sehen, wie viel Platz das Labyrinth braucht, kann ich sofort den geplanten Ø des Labyrinth Raumes = LR an der engsten Stelle des Platzes abschreiten und herausfinden, wie viele Umgänge = Ug an diesem Ort möglich sind:

Platzbedarf für Labyrinth mit 7 Umgängen, mindestens 19 S etwa 13 – 14 m
Labyrinth Raum messen Ø = l-Ar-ll—ll—ll—ll—ll—ll—ll—ll x ll—ll—ll—ll—ll—ll—ll—ll-Ar-l
2 S oder mehr für Außenraum des Labyrinths = Ar
7 S bis zum Rand des Zentrums = Z
1 S oder mehr für das Z
7 S vom Rand des Z bis Ar
2 S oder mehr für Ar

Zum Beispiel: Ø Platzbedarf für Labyrinth mit 7 Umgängen Ug.

Ø für Zentrum Z		1,20 m
+ 2 x 8 Strukturbreite Stb	à 0.10 m	1,60 m
+ 2 x 7 Wegbreite Wb	à 0.60 m	8,40 m
+ 2 x Breite Umgebung Ar	à 1.40 m	2,80 m
Total Platzbedarf Ø		14,00 m

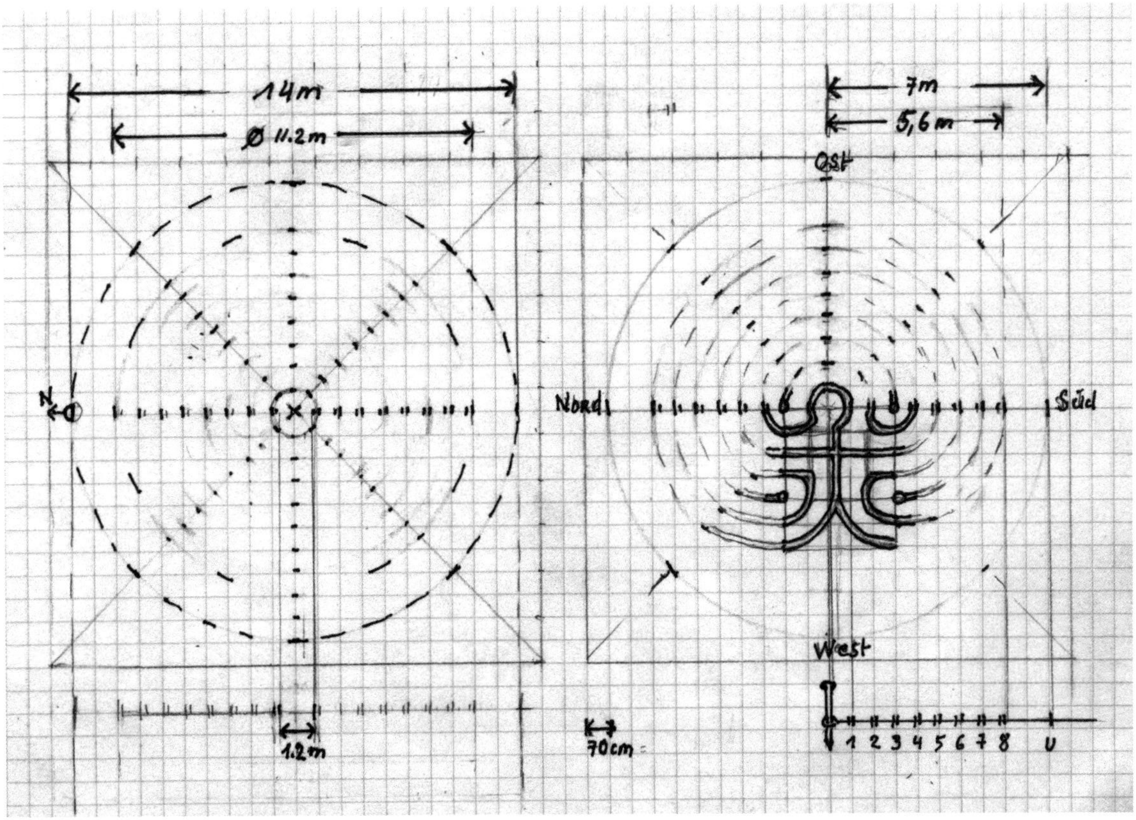

Anleitung zum Bau eines kreisrunden Labyrinths mit 7 Umgängen

1 2 3 4

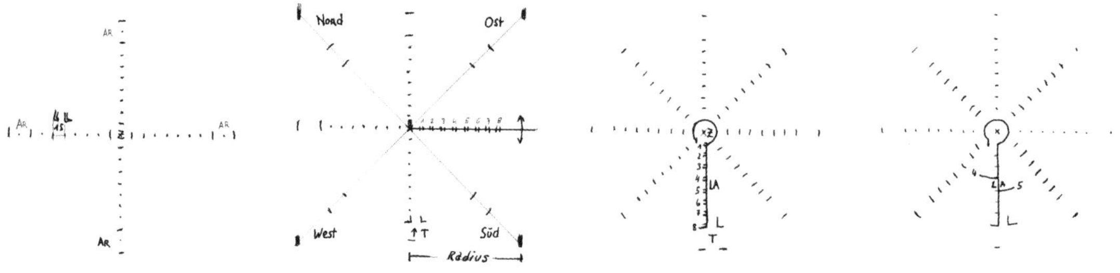

1. Labyrinth Raum abschreiten
2. Mit zwei gespannten Schnüren Nord/Süd und Ost/West + die Grenzen des LR sichtbar machen. An ihrer Schnittstelle x im Labyrinth Zentrum einen Pfosten einschlagen. Auf einer Schnur mit Klebeband die Wb und Stb markieren. x ll ll ll ll ll ll ll ll l
Die Schnur mit Pfosten als Zirkel benutzen und die Grenzen des ganzen Labyrinth Raumes nachprüfen.
Den Ort für das Tor T als Labyrinth Ein/Ausgang bestimmen und dort die Wb mit 2Fl auf dem Boden markieren l—l mit Mehl oder mit hellem Stoffband.
3. Den Rand des Z mit Hilfe der Zirkelschnur ringsum messen und auf dem Boden leicht markieren. In Richtung zum T für den Weg 2Fl offen lassen und die Wb auf beiden Seiten markieren.
Labyrinth Achse LA vom Z Rand bis T durchgehend 1-8 markieren.
4. Stb 4 links und Stb 5 rechts mit Labyrinth Achse LA verbinden.
5. links und rechts 1Wb parallel zu LA die Strukturwand Stb um die Wendepunkte = Wp markieren. Von dort je 1Wb messen und die 4 Wp 2, 3, 6 und 7 gut sichtbar markieren.
6. Mit Schnurzirkel alle Stb von 2-8 durchgehend markieren. Schnüre, Bänder oder andere Hilfsmarkierungen aus dem Weg entfernen und das Labyrinth gehen!

5+6

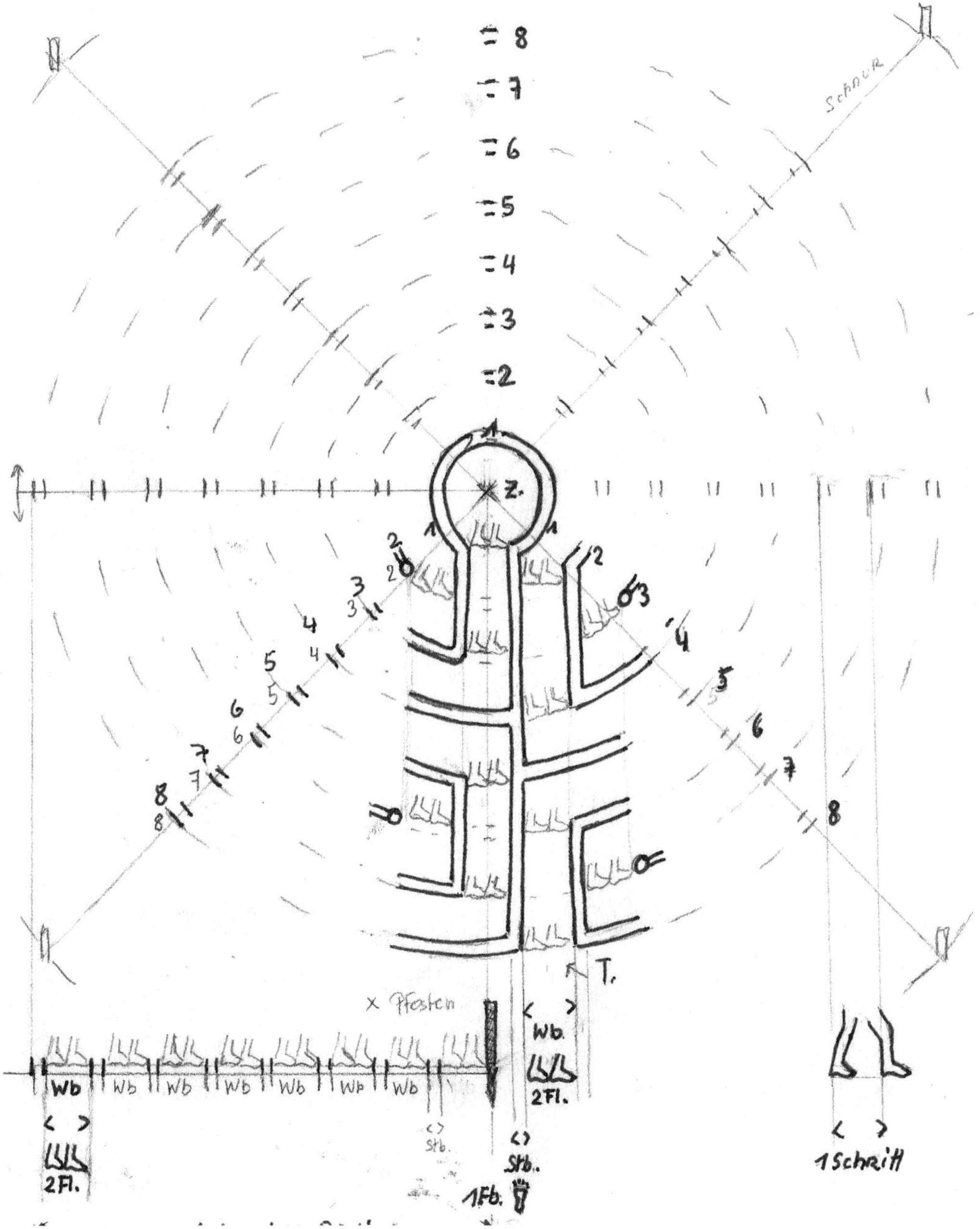

Diverse Designs:

Bildnachweis/Adressen & hilfreiche Links

Bildnachweis

Die meisten Fotos sind Aufnahmen vom und um den Labyrinthplatz im Zeughaushof Zürich. Die Ausnahmen sind hier erwähnt.
Die Zeichnungen sind von Agnes Barmettler.

S. 11:	© Fiona Rachdi
S. 16:	© Verena Bürgi
S. 17:	© Verena Bürgi
S. 18:	© Regula Farner
S. 19:	© Andreas Fritschy
S. 24:	»Morgennebel«, 1977, Öl ,160*148 cm, © Agnes Barmettler
S. 41 l.:	Hauszeichen Augustinergasse 6 Zürich, © Verena Bürgi; r.: ZeppelinLuftaufnahme, © Jürgen Hohmuth/zeitort.de
S. 42 o.:	© Tulla Roy, u.: © Verena Bürgi
S. 43:	»Acker« 1976, Öl, 160*148, Sammlung Kunstmuseum Olten, © Agnes Barmettler
S. 55 o.:	Eröffnung Steinlabyrinth auf dem Münsterplatz Zürich, © Tulla Roy; u.: Eröffnung Pflanzenlabyrinth Zeughauswiese, Zürich, © Max Keller
S. 56:	»Pflanzenlabyrinth Zürich«, Aquarell 2003 28*21 cm, © Agnes Barmettler
S. 57:	»Stadtspiegel«, Aquarell für Labyrinthprogramm 1994
S. 65 o.:	© Margret Bürgisser; ul. und ur.: © Verena Bürgi
S. 66:	© Gré Stocker
S. 67:	© Verena Bürgi
S. 82:	© Karin Siegrist
S. 83:	© Heike Grasser
S. 84:	© Caroline Krüger
S. 85:	© Regula Farner
S. 91 o.:	© Heike Grasser; u.: © Gré Stocker
S. 92:	© Gré Stocker
S. 93:	© Regula Farner
S. 103 o.l.:	© Agnes Barmettler; o.r.: © Verena Bürgi; u.: © Fiona Rachdi
S. 104 o.:	© Gré Stocker; u.: © Regula Farner
S. 105:	© Karin Siegrist
S. 114:	© Caroline Krüger

S. 115 o.l.: © Regula Farner; o.r.: © Heike Grasser; u.: © Verena Bürgi
S. 118: © Regula Farner
S. 119: © Verena Bürgi
S. 126 o.l.: © Regula Farner; o.r. und u.: © Verena Bürgi;
S. 127: © Agnes Barmettler
S. 128: © Caroline Krüger
S. 129: © Regula Farner
S. 136 o.l.: © Regula Farner; o.r.: »bergen« 1975, Wasserfarbe und Goldbronce 40*50, © Agnes Barmettler; u.:© Agnes Barmettler
S. 137: © Caroline Krüger
S. 138 o.: © Regula Farner; u.l.: © Agnes Barmettler, u.r.: © Regula Farner
S. 139: © Verena Bürgi
S. 160 o.l.: © Salome Stauffer; o.r.: © Caroline Krüger; u.: © Verena Bürgi
S. 161 o.l.: © Gré Stocker; o.r.: © Gré Stocker; u.: © Labyrinthplatz Zürich
S. 162 o.: © Heike Grasser; u.: © Regula Farner
S. 163: © Verena Bürgi
S. 170: © Margret Bürgisser
S. 171: © Regula Farner
S. 172: »rot weiß schwarz« aus dem Zyklus »der blinde Fleck« 1992/93, Öl 160*135 cm, © Agnes Barmettler
S. 173: © Heike Grasser
S. 181: © Gré Stocker
S. 182: © Gré Stocker
S. 183: © Gré Stocker
S. 193: © Gré Stocker
S. 194 o.l.: © Verena Bürgi; o.r.: © Agnes Barmettler; u.: © Karin Siegrist
S. 195: Eröffnung des Frauen-Gedenk-Labyrinths, Frankfurt am Main 2000, © FGL, Dagmar v. Garnier
S. 201: »Rachel« (Detail) aus dem Zyklus »der blinde Fleck« 1992/93, Öl, 160*135 cm, © Agnes Barmettler
S. 216: © Agnes Barmettler
S. 217: Lichterlabyrinth 2005 vor dem Kunstmuseum Luzern, © KML
S. 218: »Rachel« aus dem Zyklus »der blinde Fleck« 1992/93, Öl, 160*135 cm, © Agnes Barmettler
S. 219: © Edith Meyer
S. 221: © Bettina Melzer
S. 222: © Susanna Torri
S. 243: © Agnes Barmettler

Bilderauswahl und Gestaltung: Regula Farner, Rosmarie Schmid, Agnes Barmettler

Adressen & hilfreiche Links

labyrinth-international.org, öffentliche Frauenplätze, Postfach 0041, CH-8135 Langnau
www.labyrinth-international.org

Labyrinthplatz Zürich, Zeughaushof, Postfach 2761, CH-8021 Zürich,
zuerich@labyrinthplatz.ch, www.labyrinthplatz.ch
www.zeughaushof.ch
www.eisvogel.ch

www.begehbare-labyrinthe.de
www.mymaze.de
www.frauen-gedenk-labyrinth.de
www.das-labyrinth.at
www.labyrinthe.at
www.labyrinthos.net
www.labyrinthsociety.org
www.veriditas.org
www.labyrinthlocator.com
www.labyrinthlinkaustralia.org

Zu den Autorinnen

Die Autorinnen sind Pionierinnen einer Länder übergreifenden Labyrinthbewegung. Unter ihnen sind Frauen der ersten Stunde, die während vieler Jahre die Kulturgeschichte des Labyrinths erforscht haben, und solche, die in den letzten Jahren dazugekommen sind. Es sind ältere und jüngere Frauen aus unterschiedlichen Bereichen der Kunst, der Wissenschaft und der Soziokultur, engagiert in der Frauen-, Friedens-, ArbeiterInnen-, Umwelt- und Asylbewegung. Sie alle verstehen sich als Kultur-Schaffende. Gemeinsam ist ihnen die Liebe zum Labyrinth und die Freude am Mitwirken auf dem von ihnen gegründeten öffentlichen Frauenplatz in Zürich, wo sie im praktischen Alltag mit einer interessierten Bevölkerung ein neues politisches Kulturmuster des Zusammenlebens erproben und erschaffen.

von links: Rosmarie Schmid, Caroline Krüger, Regula Farner, Zita Küng, Katherina Morf, Agnes Barmettler, Ursula Knecht

Inhaltsverzeichnis

Bücher aus dem Christel Göttert Verlag

Buch der 1000 Frauen
FRAUEN-GEDENK-LABYRINTH
hg. von Dagmar v. Garnier
Teil 1: ISBN 978-3-922499-45-9
Teil 2: ISBN 978-3-922499-54-1
(zahlr. s/w u. farb. Abb.)

Das von der Künstlerin Agnes Barmettler nach einer Idee der Frankfurter Tanzpädagogin Dagmar v. Garnier gestaltete Kunstprojekt wandert durch ganz Deutschland. 1000 flache Steinplatten, die eine klassische Labyrinthform bilden, mit denen 1000 heutige Frauen 1000 Frauen der Geschichte ehren. Die Begleitbände versammeln die Porträts der historischen Frauen – ein lebendiges Frauen-Geschichtswerk im Prozess.

Dieses Buch ist eine Wanderschaft durch Wüsten, über Berge und zu Menschen, die im Einklang mit der Natur leben. Geboren aus dem Verlangen, unverstelltes, ganzes Leben zu erfahren in der äußeren und in der inneren Welt. Eine farbenfrohe Hymne an das Leben, an das Unterwegsbleiben »mit wonne und staub am leib«. Die spirituelle Beschreibung einer Reise zu sich selbst – mit Gedichten, Zeichnungen und Bildcollagen.

wildfüßig nach ninive –
a passo selvaggio verso ninive
von Dietlind Kinzelmann
ISBN 978-3-922499-99-2
(zahlr. farb. Abb., dt.-ital.)

Wir sind ein Kreis
Die schönsten Rituallieder
in deutscher Sprache
hg. von Donate Pahnke McIntosh
ISBN 978-3-939623-35-9
(mit Notenschrift)

Diese Sammlung umfasst Kreislieder, Elementelieder, Lieder für die Natur und die Große Göttin, Lieder für das Leben und das Sterben, Zauberlieder, Wandlungslieder, Heilungslieder – mit Beiträgen von zahlreichen Liedermacherinnen, Autorinnen und Komponistinnen wie Starhawk, Gila Antara, Arunga Heiden, Luisa Francia, Amei Helm und Astrid Kuby.

Luisa Muraro zeigt die Sinnhaftigkeit und Kraft der mütterlichen Autorität und plädiert dafür, Abhängigkeiten und Ungleichheit in den Beziehungen unter Frauen neu zu thematisieren. Das Hauptwerk der bekannten italienischen Philosophin ist ein grundlegendes Werk zum Denken der sexuellen Differenz – wichtig für alle, die sich Fragen stellen zur Position der Frauen in unserer Gesellschaft.

Die symbolische Ordnung der Mutter
von Luisa Muraro
ISBN 978-3-922499-79-4
(Erw. Neuausgabe)

Weit über Gleichberechtigung hinaus … *Das Wissen der Frauenbewegung fruchtbar machen*
von Ina Praetorius, ISBN 978-3-939623-18-2

Fülle und Freiheit in der »Welt der Gabe« von Dorothee Markert, ISBN 978-3-922499-86-2

Sinn – Grundlage von Politik von Maren Frank, Andrea Günter u.a., ISBN 978-3-922499-82-4

Frauen$_{vor}$Bilder – FrauenVorbilder. *Die weibliche Suche nach Orientierung* von Andrea Günter
ISBN 978-3-922499-65-7

Die Menge im Herzen von Luisa Muraro, ISBN 978-3-922499-53-4

unverbrauchte worte. *Frauen und Männer in der Sprache* von Chiara Zamboni, ISBN 978-3-922499-73-2

Wachsen am Mehr anderer Frauen. *Vorträge über Begehren, Dankbarkeit und Politik*
von Dorothee Markert, ISBN 978-3-939623-13-7

Zukunft der Frauenbewegung von Antje Schrupp, ISBN 978-3-922499-75-6

Die Ordnung der Mutter – Wege aus dem Patriarchat. *Dokumentation des Internationalen MutterGipfels 2008,* hg. von Uschi Madeisky, ISBN 978-3-39623-25-0

Über die Liebe zum Gras an der Autobahn. *Analysen, Polemiken und Erfahrungen in der ›Zeit des Bumerang‹* von Claudia von Werlhof, ISBN 978-3-939623-21-2

Seiltanz. *Mit Krebs auf naturheilkundlichem Weg und in Beziehung leben* von Felicianna Roschenbusch und Kaie Haas, ISBN 978-3-939623-15-1

Weisheit des Gartens. *Essen und Genießen im Jahreslauf* von Bärbel M. Peschl, ISBN 978-3-922499-34-3

Der Christel Göttert Verlag publiziert – nunmehr bereits in seinem 20. Jahr – Bücher von Frauen für die Welt. Auf unseren Internetseiten finden Sie Informationen über unsere Programmschwerpunkte: feministische Philosophie, praktische Politik von Frauen, weibliche Spiritualität, Matriarchatsforschung sowie Frauengeschichte und Frauenbiografien – mit Büchern zu aktuellen gesellschaftlichen Debatten, kritischen Analysen, differenzierten Kulturbetrachtungen sowie interessanten Porträts und Werkdarstellungen.

www.christel-goettert-verlag.de info@christel-goettert-verlag.de